Zur Umschlaggestaltung:

„Phasen-Spektrographie“ ist ein von Thomas Luksch entwickeltes neuartiges Verfahren.
Die Dimension „Zeit“ wird ästhetisch nachvollziehbar: chronologische Abläufe werden in ihren Teilphasen farblich differenziert beschrieben.
Thomas Luksch selbst nennt seine patentrechtlich geschützte Technik „Zeitfarben“.
Weitere Informationen über den Verlag.

DREHBUCH II

DAS MANN/FRAU BUCH

Die Transformation der Liebe

RON SMOTHERMON M.D.

CONTEXT VERLAG

Übersetzung:
Petra Mangold, Amsterdam und
Christoph Schmees-van Zadelhoff, Bremen

Titel der amerikanischen Originalausgabe:
THE MAN WOMAN BOOK
The Transformation of Love
Context Publications, CA 94928, USA

ISBN 0-932654-09-6

Auskünfte erteilt: Context Publications, P.O.Box 2909, Rohnert Park, CA 94928-6506, USA. (Bitte alle Anfragen an den amerikanischen Verlag und Autor in englischer Sprache).

CIP-Kurztitelaufnahme der Deutschen Bibliothek:
Smothermon, Ron, M. D.
Drehbuch II – Das Mann / Frau Buch – Die Transformation der Liebe, Ron Smothermon M. D.
(Übers. v. Petra Mangold u. Christoph Schmees-v. Z.)
2. Auflage, Bielefeld, Context Verlag 1989
Einheitssacht.: The Man Woman Book -dt.-
ISBN 3-926257-01-6

2. Auflage 1989, 6. – 10. Tsd.

H. Gries, U. Bodewig, J. Kamphausen GbR
Postfach 1750, Furtwänglerstraße 16
D-4800 Bielefeld 1, Tel. 0521-67179

Gestaltung: Context Verlag, wpd Design, Bielefeld
Umschlag: Phasen-Spektrografie von Thomas Luksch, Bad Oeynhausen
Satz: Christoph Schmees-van Zadelhoff
Druck: Clausen & Bosse, Leck

Widmung

Ich widme diese Bücher den beherzten Männern und Frauen (die meisten von ihnen werden für immer unbekannt bleiben), die durch fünf Millionen Jahre menschlicher Entwicklung das **Mann/Frau-Spiel** bis hierher gebracht, und es schließlich uns anvertraut haben.

Danksagungen

Beginnend mit meiner Mutter ehre ich die Frauen in meinem Leben, die so liebevoll waren, sich mit mir abzufinden, ihr Leben mit mir zu teilen, und mir die Wahrheit über weibliches Erleben eines Mannes zu sagen. Gott segne die Frauen.

Beginnend mit meinem Vater ehre ich die Männer in meinem Leben, die durch ihr Mann-Sein mich zu einem Mann gemacht und mir offenbart haben, was Mann-Sein ist.

Ich ehre meinen Sohn Houston, der die Quelle meiner Inspiration ist.

Vorwort

In zwei Seinszuständen begegnen wir Gott: In der Liebe, und in der Nähe des Todes. Ich bin Gott angesichts des Todes begegnet. Ich hatte die Möglichkeit, und die Wahl, zu leben oder zu sterben. Zu sterben war verlockender, als ich erzählen kann – der mit dem Tod erreichbare Friede entzieht sich jeder Beschreibung – aber meine Arbeit ist noch nicht vollendet. Ich wählte das Leben. Nichtsdestoweniger genieße ich das Glücksgefühl eines Daseins in Gottes Gegenwart, und weil ich noch nicht sterben will, ist das Thema dieser Bücher die Liebe – der andere Seinszustand, der eine Begegnung mit Gott erlaubt. Ich nutze mein Leben, um über die Liebe zu lernen, um in Gottes Gegenwart zu sein. Ich lade Dich ein, mich zu begleiten.

In der herrschenden Weltanschauung, die wir um die Liebe gelegt haben, ist Liebe vor allem eins: selten, und besonders. Die vorliegenden Bücher sind eine radikale Abkehr von dieser Vorstellung über Liebe.

Unsere Arbeit ist die Transformation der Liebe. Nach ihrer Vollendung werden wir als Menschheit jeden Morgen erwachen, angefüllt mit Liebe und Mitgefühl für unseren Mann, unsere Frau, unsere(n) Geliebte(n), für unsere Eltern, unsere Kinder, für unsere Nachbarn, für Menschen auf der ganzen Welt, von denen wir viele niemals persönlich kennenlernen werden, und sogar für unsere Verwandten – nicht etwa wegen unserer heldenhaften Anstrengungen, oder weil diese Menschen es verdienen, oder weil wir uns selbst in Heilige verwandelt hätten, sondern einfach weil **absolute Liebe** so sein wird.

Es wird kein Denkmal für unsere Arbeit geben. Unser Denkmal wird die Anonymität sein: Wenn die Menschen wissen, daß sie einander lieben einfach weil das so ist, wird man nicht unser Andenken rühmen ob der Arbeit, die wir jetzt tun, um diese Realität hervorzubringen. Unser Denkmal wird die Absolutheit der Liebe selbst sein, und in diesem Tempel werden wir in aller Ewigkeit leben.

Anmerkungen des Übersetzers

Bei der Übersetzung eines solchen Textes ist immer wieder ein Zielkonflikt zu lösen: Übertragung der *Begrifflichkeit* des Originals, oder Umsetzung des *Bedeutungsinhalts* in eine verständliche Sprache. Das Entstehen des Konflikts hat zwei Ursachen: Zum einen bietet das Deutsche eine größere Wortauswahl als das Englische; das führt im Einzelfall bei der Übersetzung zu einer Verengung des Bedeutungsrahmens. Zum anderen verwendet der Autor die Terminologie von **EST**.[1] Deren Formulierungen besitzen zugleich **est**ische *und* umgangssprachliche Bedeutung, die im Englischen zusammengehen, im Deutschen jedoch manchmal nicht.

Insbesondere die folgenden Hinweise scheinen angebracht:

1. „mind": Dieses englische Wort für die Einheit aus Intellekt und Gefühlen wurde wie im „Drehbuch für Meisterschaft im Leben" einheitlich mit **Verstand** übersetzt.

2. „to make a difference": Wo es auf die einheitliche Begrifflichkeit ankam, wurde es mit „einen Unterschied machen" übersetzt. Es bedeutet in normaler Sprache, und wurde ansonsten übersetzt etwa: Wichtig, bedeutend sein / werden; Spuren hinterlassen, etwas bewirken, zählen.

3. „Being": **„Das Wesen"** ist als Beriff besser greif-bar als **„das Sein"**. Wenige Male wird im amerikanischen Original „Being" zugleich auch als Gegenstück zu „doing" verwendet. Dort erscheint dann im deutschen Text zusätzlich zum **„Wesen"** das **„Sein"**.

1 EST: Erhard Seminar Training (neuer Name: FORUM): „Erleuchtungsprogramm" an 2 Wochenenden. Nähere Informationen: Werner Erhard & Associates, Baaderstr. 56 d, 8 München 5

Vorwort zur deutschen Übersetzung

Wir leben in einer Zeit, in der uns die Erkenntnis dämmert, daß das Volk, das auf der anderen Seite des Berges lebt, nicht schlechthin aus rotharigen Teufeln besteht, die für alles Unheil auf dieser Seite des Berges verantwortlich sind.

Etwas von dieser dunklen Ahnung ist auch in das Verhältnis der Geschlechter eingedrungen: nicht mehr alle Leute sind restlos davon überzeugt, daß alles Gute im Ich und alles Schlechte im Du angesiedelt ist.

Es gibt heutzutage schon Übermoderne, die sich allen Ernstes fragen, ob nicht am Ende irgend etwas nicht stimme, ob man nicht vielleicht etwas zu unbewußt, etwas zu antiquiert sei und darum in der Frage der Beziehungsschwierigkeiten der beiden Geschlechter mittelalterliche, um nicht zu sagen, Höhlenbewohnermethoden zu Unrecht immer noch verwende.

Was Carl Gustav Jung vor weniger als drei Jahrzehnten so beschrieben hat, bringt sein Psychiater-Kollege, Ron Smothermon im vorliegenden Buch ganz ins Licht des Bewußtseins. Ihm ist es gelungen, in der Frage der Beziehungsschwierigkeiten der beiden Geschlechter neue Antworten zu finden, die erst möglich geworden sind, weil wir anfangen zu begreifen, wer wir sind. Einen der Grundsteine dieses neuen Wissens hat Ron Smothermon selber mit seinem brillianten „Drehbuch für Meisterschaft im Leben“ gelegt.

Wie dieses Buch über die Beziehung zwischen Mann und Frau gelesen werden soll und was die Leserin und der Leser mit den darin enthaltenen Informationen anfangen kann, beschreibt der Autor selber ausführlich auf den ersten Seiten.

Mir bleibt hier noch eine Korrektur. Ron verspricht nur zwei Dinge, die durch bewußtes und waches Lesen seines Buches eintreten: Beschleunigung der Erlebnisse in Beziehungen und aus der Fassung gebracht werden. Die wache Leserin und der bewußte Leser werden nach einiger Zeit erleben, daß sich mit dem Volk auf der anderen Seite, und insbesondere mit einem Mitglied davon, auch glücklich leben läßt.

Dr. Henning von der Osten

Inhaltsverzeichnis

EINFÜHRUNG UND VORBEREITUNG ZUM LESEN DIESER BÜCHER

BUCH I

DIE MANN/FRAU BEZIEHUNG

BUCH II

AUFRICHTIGKEIT

BUCH III

DIE REICHE

BUCH IV

MUTTER – DES EINZELNEN BEZIEHUNG ZU ALLEN FRAUEN

BUCH V

VATER – DES EINZELNEN BEZIEHUNG ZU ALLEN MÄNNERN

BUCH VI

PERSÖNLICHKEIT UND VERÄNDERUNG

BUCH VII

ES SAGEN, WIE ES IST

BUCH VIII

DER URSPRUNG DER MANN/FRAU BEZIEHUNG

BUCH IX

MITGEFÜHL – FEHLT SO SEHR, DASS NIEMAND ES BEMERKT HAT

BUCH X

BEZIEHUNGEN SCHAFFEN, ERHALTEN UND BEENDEN

ZUM SCHLUSS

Der Ursprung dieser Bücher

Im September 1982 wurde ich gebeten, in einer weit entfernten Stadt ein Seminar zu halten. Ich fragte den, der mich eingeladen hatte, welches Thema er wünsche. Er sagte, er wolle das mir überlassen.

Als ich mich selbst fragte, auf welchem Gebiet ich über entsprechende Kenntnis verfüge, sah ich verschiedene Möglichkeiten. Ein Gebiet jedoch stach hervor, in dem mir das Zeugnis meines eigenen Lebens klar zeigte, daß ich wenig wußte oder konnte: Mann/Frau. Dabei erkannte ich einen merkwürdigen Widerspruch: Ich wußte wenig, und ich wußte, daß ich wenig wußte, und doch hing ich immer noch der Vorstellung nach, alles zu wissen.

In dieser Erkenntnis lag eine Herausforderung, der ich nicht widerstehen konnte. Also nannte ich das Seminar **„Training zur Stärkung der Mann/Frau Beziehung“**. Einige Monate später flog ich mutig los, um Information weiterzugeben, die ich nicht besaß.

So schuf ich das **Mann/Frau-Training** im Vertrauen auf Inspiration im Augenblick der Durchführung, und auf die Inspiration und Partnerschaft der Teilnehmer. Ich erkannte, daß ein auf Inspiration beruhendes Trainig wesentlich wertvoller wäre als ein ausgeklügeltes, speziell für mich, der ich dieses Training am dringendsten brauchte.

Das Training war in fast jeder Hinsicht ein Erfolg. Bald gab es weit und breit im Land ein Netz von Menschen, die die Tatsache aufgeschnappt hatten, daß ich ein Training über Mann/Frau gegeben hatte, und Einladungen aus anderen Städten trafen ein. Fünfundzwanzig Trainings wurden 1983 gehalten, und 1984 gab es noch mehr. Die frühen Trainings waren nach meinen Maßstäben nicht gut, doch die jüngeren waren hervorragend, selbst nach meinen unmäßigen Anforderungen.

Zwei Faktoren qualifizieren mich, an diesem Thema zu arbeiten. Erstens weiß ich, daß ich nicht alles weiß, auch wenn ich, wie alle Männer, eine Vorstellung habe, alles zu wissen. Zweitens trete ich lebenslänglich für das Potential der **Mann/Frau Beziehung** ein.

Meine Ausbildung dafür, jetzt dieses Material darzubieten, begann vor 20 Jahren. Damals nahm Gott den Mann, der das Mann/Frau-Training am dringendsten brauchte, und preßte ihn für die nächsten 20 Jahre durch einen Hau-Ruck-Kursus. Dieser Kurs bestand und besteht darin, den Mann in seiner eigenen Lebenserfahrung mit all' den Gefühlsverwirrungen der **Mann/Frau Beziehung** zu konfrontieren. Tatsächlich war das Vermeiden dieser Störungen zu meinem Leben geworden. Daß ich in einer Lehre war, bemerkte ich zum ersten Mal 1982, zu der Zeit, als ich mein erstes „Mann/Frau-Trainig" hielt.

Das Material selbst ist ein sich entwickelnder Körper von Information, die sich wie ein Organismus verhält, indem sie mit jeder neuen Präsentation wächst und sich verändert. Sie ist dem Ziel verpflichtet, in der **Mann/Frau Beziehung** einen Unterschied zu machen.

Die **Mann/Frau Beziehung** präsentiert sich heutzutage mit so wenig Bedeutung, daß niemand die Existenz einer **Mann/Frau Beziehung** bemerkt: Eine Beziehung, die alle Männer zu allen Frauen und alle Frauen zu allen Männern haben, aus der unsere individuellen Beziehungen abgeleitet sind, und in deren Grenzen unsere individuellen Beziehungen eingebettet sind und sich manifestieren.

Grundlegende Begriffsbestimmungen der Person

Damit mein Text zu einer Quelle von Kraft für Dich wird, mußt Du fünf Begriffe kennen, die ich häufig benutze. Diese Begriffe sind: **Wesen**, **Selbst**, **Persönlichkeit**, **Instinkt** und **Verstand**. Dies sind die fünf grundlegenden Komponenten einer **Person**.

Wenn ich das Wort Du schreibe, richte ich mich an diese ganzheitliche **Person**, die aus fünf Komponenten besteht. Mit „ganzheitlich" meine ich, daß das **Selbst**, die **Persönlichkeit**, der **Instinkt** und der **Verstand** alle das **Wesen** wiederspiegeln.

Diese Definitionen kommen aus dem **Nichts**, welches der Kontext ist, aus dem das **Wesen** kommt, und der Kontext, in welchem die Meisterschaft im Leben erscheint.

WESEN

Das **Wesen** ist die Verbindung von dieser, der physikalischen, Ebene zu einer verborgenen Wirklichkeit, von der wir nur wenige Male in diesem Leben etwas erspähen – in den Augenblicken, in denen wir absolut lieben.

Das **Wesen** ist die Möglichkeit, aus der alle **Personen** kommen. Sein Zweck ist es, das **Selbst** zu erschaffen und der Raum für die Erschaffung des **Selbst** zu sein.

Das **Wesen** ist der Spieler im Spiel des Lebens. Es schafft das, was sichtbar und begreifbar ist, und kann doch selbst nicht gesehen oder begiffen werden, da es kein „Ding" ist und keine Entwicklung zeigt. Aus dem Zeugnis seiner Schöpfungen schließen wir auf seine Existenz.

Die zwei Ausdrucksformen des **Wesens** sind: (1) Ursprüngliche Fragen über die Beschaffenheit von Wirklichkeit und von Leben, das auf **Nichts** beruht, und (2) Die Fähigkeit, das **Selbst** zu schaffen. Dasjenige, welches diese beiden Dinge tut, ist per Definition das **Wesen**.

SELBST

Das **Selbst** ist die erste Äußerung des **Wesens**. Es ist die Gesamtmenge aller Antworten auf die Fragen, die das **Wesen** über das Leben und die Beschaffenheit der Wirklichkeit aufwirft. Anders gesagt ist das **Selbst** die Summe aller Versprechungen, die das **Wesen** über das Leben gibt. Auf der Grundlage dieser Versprechungen organisieren wir unsere Erfahrungen des Lebens und der Wirklichkeit. Das **Selbst** ist der Hintergrund, vor dem wir Leben sehen.

Die vom **Wesen** aufgeworfenen Fragen spannen einen weiten Bogen von beispielsweise „Was ist ein Stuhl?“ bis zu „Was ist der Sinn des Lebens?“. Der Teil des **Selbst**, der die Antwort auf die Frage nach dem Sinn des Lebens ist, kann den Tod der unten genannten Stadien überleben, bis er vollendet ist, d.h. bis das Ziel des **Wesens** für dieses Leben erreicht ist. Das geschieht dann, wenn das Leben zu einem entschlossenen Eintreten für die Antwort wird. Zu den Menschen, deren Leben solches Eintreten war, gehören Jesus Christus, Clair Booth Luce, Martin Luther King (Jr.) und Mahatma Ghandi. Du kannst sicherlich weitere benennen. Wir erinnern uns dieser Namen, weil deren Lebenssinn noch nicht vollendet ist und in uns weiterlebt. Das **Selbst** hat die Fähigkeit, in anderen **Selbsts** zu leben. In **der Welt** wird der Name der **Person** zum Repräsentanten des **Selbst**.

PERSÖNLICHKEIT

Die erste Schöpfung des **Selbst** ist die **Persönlichkeit**. Die **Persönlichkeit** ist eine komplexe Sammlung von Verhaltensmustern, die das **Selbst** zum Umgang mit den Situationen des **Lebensspiels** benutzt.

Der Zweck der **Persönlichkeit** ist die Verwirklichung des **Selbst**, also, des **Wesens** Ziel für ein Leben zu erreichen, und zu beweisen, daß die Beschaffenheit der Wirklichkeit so ist, wie das **Selbst** das behauptet.

INSTINKT

Der **Instinkt**, das sind die Triebkräfte des Körpers, mit seiner drei Milliarden Jahre (so lange gibt es Leben auf der Erde) alten Geschichte der Anpassung an die Umgebung, in der das **Spiel des Lebens** gespielt wird. Die Ziele des **Instinkts** sind Erhaltung von Leben (durch Vermeidung des Todes), und Vermehrung von Leben. Demnach sind Hunger, Durst und das Verlangen nach Sex die Funktionen des **Instinkts**; Essen, Trinken und Sex Machen sind seine Aktivitäten.

VERSTAND

Die Bedürfnisse des **Instinkts**, und die Bedürfnisse des **Wesens**, des **Selbst** und der **Persönlichkeit**, stehen oft in Konflikt miteinander und mit anderen **Personen**. Der **Verstand** existiert als ein Vermittler zwischen den Komponenten einer **Person** untereinander, und zu anderen **Personen**. Der **Verstand** funktioniert durch Urteilen, Berechnen, Erklären und Rechtfertigen. All' das dient nur einem Zweck: die eigene **Person** recht haben zu lassen. Gefühle, Emotionen sind ein Teil des Rechtfertigungs-Mechanismus' des **Verstandes**. Sie existieren als Vermittler zwischen den einzelnen Komponenten der **Person**. Der **Verstand** ist zusammen mit dem **Instinkt** an den Körper gebunden, anders als die übrigen Komponenten der **Person**.

Absicht beim Lesen dieser Bücher

Hier eines der Geheimnisse über das Leben: Du erreichst immer das, was zu erreichen Du beabsichtigst. Anders ausgedrückt: Du wirst vom Lesen dieser Bücher genau das bekommen, wozu Du Dich jetzt, in diesem Augenblick, bekennst. Ich verrate Dir noch ein Geheimnis: Es folgt natürlicherweise, daß Du alles erreichen kannst, was Du wirklich willst.

Wenn Du diese Bücher als einen „interessanten" Zeitvertreib liest, wird dich das, was Du hier liest, „interessieren", und Du wirst Deinen Freunden berichten, wie „interessant" diese Bücher sind. Wenn Du diese Bücher liest, um zu entdecken, daß Du das ganze Zeug sowieso schon kanntest, dann wirst Du bei der letzten Seite ankommen, und ungeachtet dessen, was ich geschrieben habe, sagen: „He, das wußte ich doch schon!". Wenn Du diese Bücher liest, um verwirrt zu sein, dann wirst Du Dich auf jeder Seite fragen, was ich wohl gemeint habe.

Ich sage folgendes voraus: Es ist wahrscheinlich, daß Du diese Bücher liest und dann mit Büchern, Autoren, und der **Mann/Frau Beziehung** Deine Schau abziehst. Du wirst das tun, wenn Du nicht jetzt aufwachst, und das Buch bewußt liest, anstatt im Schlaf.

Wenn ich diese Bücher läse, würde ich mich nicht mit dem zufrieden geben, was ich aus meiner Erfahrung erwarten kann. Ich würde das verlangen, was ich nicht erwarten kann. Wenn etwas geschieht, was nicht logisch vorhersagbar war, nennen wir das ein „Wunder". Wunder ordnen die Logik neu. Wenn ich Du wäre, würde ich mich in meiner Beziehung zum anderen Geschlecht mit nichts Geringerem zufrieden geben als mit Wundern.

Wenn das, was Du vom Lesen dieser Bücher haben willst, vernünftig sein soll, dann sage ich: Na und? Was vernünftig ist, kannt Du auch bekommen, indem Du wartest, nichts liest, und kein Geld ausgibst. Warte einfach.

Damit Du das Unvernünftige bekommst, damit das Wunderbare in Deinem Leben ist, mußt Du in Deinem

Handeln Wunder beabsichtigen. Wunder sind eine Funktion des **Wesens**, da das **Wesen** die Absicht bestimmt.

Ich lasse Dir hier Raum für eine Liste von Wundern. Gib jedem Wunder einen Zeitpunkt, und wenn Du die Liste vervollständigt hast, dann verwirkliche sie und lasse sie los. Mit „lasse sie los“ meine ich: Entferne die Liste aus Deinem Verstand, zerstöre sie, denke nicht an die notierten Zeitpunkte, lehne Dich zurück und erfreue Dich dieser Bücher.

Beabsichtigtes Wunder	Beabsichtigter Zeitpunkt
1.	zum
2.	zum
3.	zum
4.	zum
5.	zum
6.	zum
7.	zum
8.	zum

Nun hefte oder klebe diese Seite zu und vergiß sie buchstäblich. Wenn Du vor dem beabsichtigten Zeitpunkt über sie nachdenkst, wird es keine Wunder geben. Später wirst Du bemerken, daß einige Seiten dieses Bandes verschlossen sind. Du wirst sie öffnen, um deine Liste anzuschauen, und Du wirst erkennen, daß alles eingetreten ist.

Dies ist die einfache Technik, um die Kraft des **Wesens** zur Schaffung von Wundern freizusetzen.

Verdrängungs-Mechanismen

Vielleich denkst Du, dieser Band sei zur Unterhaltung da, und tatsächlich können Dich Teile von ihm unterhalten. Wenn Du ihn aber im **Kontext der Unterhaltung** liest, wird er in deinem Leben keine Bedeutung haben außer einfacher, vorübergehender Unterhaltung. Es gibt hier ein Potential für viel mehr als Unterhaltung.

Ich will Dich ehrlicherweise warnen: Einiges von dem Material in diesen Büchern kann Dich zutiefst erschüttern. Was Du beim Wandern durch diese Bücher erleben wirst, wird den Erfahrungen ähneln, oder sie gelegentlich genau wiedererschaffen, die Du in schwierigen Begegnungen mit dem anderen Geschlecht gemacht hast.

Die Menschen zeigen eine breite Vielfalt von Verhaltensmustern für den Umgang mit unangenehmen Dingen. Ich kann also kaum voraussagen, wie Du mit dem vorliegenden Material umgehen wirst.

Es gibt jedoch eine Ausnahme. Fast alle, die ich kenne, haben in ihrem Verhaltensrepertoire für die Antwort auf unangenehme Situationen auch diese Lösung: Weggehen.

Wenn es mit Freund, Freundin, Ehemann, Ehefrau oder Liebhaber(in) unangenehm wird, ist eine der Lösungen, die sich aufdrängen: zur Tür zu streben und zu gehen. Dieses Verhaltensmuster funktioniert so automatisch, daß man nicht einmal darüber nachdenken muß. Du stellst einfach fest, daß Deine Augen zum nächstliegenden Ausgang wandern, Dein Körper sich erhebt und Dich mit hinausnimmt.

Ich kann Dir voraussagen, was geschehen kann, wenn Du diese Bücher liest. Du könntest es irgendwo ablegen und „vergessen", darauf zurückzukommen, oder Du könntest den Band „verlieren", oder ihn auf Nimmerwiedersehen „verleihen". Die Verdrängungsmechanismen sind schlau, und sie erreichen ihr Ziel ohne Deine bewußte Mitarbeit.

Wenn Dich etwas beunruhigt, ist tatsächlich das Schlimmste, was Du Dir antun kannst, zu fliehen und es nie zu bewältigen.

Also, wenn Du wirklich aus Deinen oben festgelegten Absichten beim Lesen dieser Bücher Nutzen ziehen willst, tust Du gut daran, Dir selbst ein Versprechen zu geben: Lies jedesmal, wenn Du das Buch zur Hand nimmst, eine bestimmte Menge des Textes vollständig, und bewahre es an einem Ort, wo Du es nicht verlieren kannst. Vermerke in Deinem Zeitplan, wann Du wieder lesen willst, und wiederhole diesen Vorgang bis zum Ende. Verleihe diesen Band nicht.

Um Deine beabsichtigten Ergebnisse zu erreichen, mußt Du diese Bücher in der Reihenfolge lesen, in der sie geschrieben wurden, und Du mußt jede Übung vollständig ausführen.

Hier ist eine Seite, mit der Du Dein Lesen zeitlich planen kannst. Gib jedem Buch einen Zeitpunkt und notiere diesen.

Buch Nr.	Wann will ich lesen und die Übung machen
Buch I	
Buch II	
Buch III	
Buch IV	
Buch V	
Buch VI	
Buch VII	
Buch VIII	
Buch IX	
Buch X	

Wenn Du diese Liste nicht ausfüllst, liest Du diese Bücher nur zur Unterhaltung. Dann würde ich mir an Deiner Stelle die Mühe sparen.

Was tun, und was nicht tun, mit den Informationen dieser Bücher

Vielleicht solltest Du diese Bücher nicht lesen. In der **Mann / Frau Beziehung** ist viel Erschütterung vergraben, also auch in Deiner individuellen Beziehung zum anderen Geschlecht. Wenn Du diese Bücher bewußt liest, mit der Absicht, aus ihnen Wert zu schaffen, dann wird zwangsläufig diese Erschütterung in Deiner eigenen Lebenserfahrung auftauchen, genau wie bei mir seit 20 Jahren.

Es gibt zwei Möglichkeiten, mit Schwierigkeiten umzugehen. Du kannst sie benutzen, um Dich selbst und andere zu schwächen, oder Du kannst sie als Gelegenheit zum Wachsen benutzen. Wenn Du von Dir weißt, daß Du Schwierigkeiten benutzt, um Dich selbst und andere zu schwächen, dann lies diese Bücher nicht. Dann wird es nämlich keine wertvolle Erfahrung für Dich werden.

Ich verspreche Dir nur zwei Dinge aus dem Lesen dieser Bücher. Es bleibt Dir überlassen, die übrigen Ergebnisse, die Du vielleicht möchtest, mittels Deiner eigenen Absicht zu erschaffen. Die beiden von mir versprochen Ergebnisse aus einem bewußten Studium dieser Bücher sind: Beschleunigung und Verwirrung. Die Ereignisse, die bereits darauf warten, in Deiner Beziehung zum anderen Geschlecht zu geschehen, werden sich schneller ereignen. Als Folge davon wirst Du aus der Fassung geraten. Wie auf der Achterbahn kommt die Aufregung mit der Beschleunigung.

Es gibt eine noch größere Gefahr in Deinem Lesen dieser Bücher. Die Gefahr ist, daß Dein Lesen, also die Art, wie Du dieses Material liest – nicht, wie es geschrieben ist, sondern, wie Du es liest! – , in Deinem Leben, in Deiner Erfahrung keinen Unterschied machen wird. Obwohl Du Beschleunigung spürst, wird Dich ihre Bedeutung nicht erreichen.

Die wirkliche Gefahr darin ist, daß die Daseinsbedingung – daß sowieso nichts einen Unterschied macht – damit weiter verstärkt wird. Viele Menschen haben diesen Band nicht zur Hand genommen, weil sie früher von Büchern enttäuscht worden sind, die viel versprachen und wenig hielten. Wenn Du nicht Deine Kraft in das Lesen dieser Bücher legst, kann Dir das hier auch passieren.

Ich schreibe, um Dich zu stärken. Dazu mußt Du Deine Kraft dem geben, was ich schreibe.

Wenn ein Mensch Informationen liest, dann sieht das üblicherweise zum Lesen benutzte Instrument, der **Verstand**, durch den **Filter von Gegensätzen**. Unsere Welt existiert in einem Reich namens **Gegensätze**, wo jedes Ding und jede Idee nur dank der Existenz auch des Gegenteils existiert.

Stelle einen Gegenstand vor Dich hin. Eine Tasse könnte es sein. Diese Tasse existiert aufgrund von allem anderen in diesem Universum, was wir „nicht-diese-Tasse“ nennen könnten. Ohne „nicht-diese-Tasse“ existiert diese Tasse nicht.

Ohne Oben gibt es kein Unten. Ohne Norden gibt es keinen Süden. Im **Reich der Gegensätze** kann der Norden den Süden widerlegen oder beweisen, Oben widerlegt oder beweist Unten. Um auf den Punkt zu kommen: Ohne Gewinner gibt es keine Verlierer, und umgekehrt. Diese Vorstellung hat verheerende Auswirkungen auf die Menschheit.

Wenn Du neue Informationen aufzunehmen versuchst, zeigt sich das **Reich der Gegensätze** als Dein Versuch, der Information zu glauben oder gerade nicht. Im **Reich der Gegensätze** kannst Du nicht im Norden sein, wenn Du im Süden bist. Gegenseitig ausschließend kann Norden nur sein, wenn Süden existiert. Der Wert von Daten ist verloren, sobald du anfängst zu überlegen, ob (oder ob nicht) Du sie glauben, oder gar durch Widerlegung des Gegenteils beweisen willst.

Es gibt noch ein anderes Reich, von dem aus Information aufgenommen werden kann. Dieses Reich wird fast nie spontan erfahren. Es ist das **Reich des Absoluten**. Im **Reich des Absoluten** gibt es keine Gegensätze – die Wirklichkeit existiert als Ganzes und nicht als einander entgegengesetzte Teile – und die Begriffe Glauben oder Nichtglauben tauchen nicht auf. Im **Reich des Absoluten** geht es darum, mit der Information zu sein, nicht gegen sie oder für sie einzutreten.

Im **Reich des Absoluten** hat jede Information und jedes Erleben absoluten Wert. Ein Beispiel: Du gehst in die Berge, um einen Sonnenuntergang zu betrachten. Das kannst Du vom **Reich der Gegensätze** oder vom **Reich des Absoluten** aus tun. Im **Reich der Gegensätze** vergleichst Du ihn mit anderen Sonnenuntergängen, die Du schon gesehen hast. Während Du vergleichst, verpaßt Du die Wirklichkeit dieses Sonnenuntergangs vor Dir.

Oder Du triffst Dich mit einem neuen Menschen. Während Du diesen Menschen mit anderen vergleichst, mit denen Du vorher ausgegangen bist, verpaßt du völlig, wer dieser Mensch überhaupt ist.

Vom **Reich des Absoluten** aus gesehen, existieren der Sonnenuntergang, und der neue Mensch, in ihrer eigenen einzigartigen und unvergleichlichen Schönheit.

Nur wenige Menschen empfangen Informationen vom **Reich des Absoluten** aus. Tatsächlich wissen nur wenige Menschen, wie sie das **Reich des Absoluten** überhaupt erschaffen können.

Bedenke, daß das Lesen dieser Bücher etliche Stunden oder Tage Deiner Zeit beanspruchen wird, wenn Du nicht ein weltmeisterlicher Schnell-Leser bist. Wenn Du so viel Zeit investieren willst, wie Du ja auch schon Geld ausgegeben hast für diesen Band, wäre es da nicht klug, vom **Reich des Absoluten Wertes** aus zu lesen? (Übrigens hoffe ich, daß Dir dieser Band nicht geliehen wurde. Damit Du den größten Wert daraus erlangst, mußt Du Dein eigenes Geld dafür ausgegeben haben.) – Also, wie erschafft man nun das **Reich des Absoluten Wertes**?

Die Methode ist von trügerischer Einfachheit. Sie zu verstehen, ist kein Problem. Das Problem ist vielmehr, den Mut für die Anwendung dieser Methode aufzubringen. Indem Du dieses **Reich** schaffst, läßt Du Dich nämlich auf die Tatsache ein, daß Du alleine für Dein Leben verantwortlich bist.

Hier nun die Methode:

(1) Zuerst gib Dir das Versprechen, daß Du aus dem Lesen dieser Bücher großen Wert schöpfen wirst. Dieses Versprechen sollte so stark sein, daß ich in altchinesischen Zei-

chen schreiben könnte, und Du, ohne ein Wort zu verstehen, dennoch unglaublichen Wert aus ihnen empfangen würdest.

(2) Dann sei bereit, dein Versprechen mit Deinem Leben zu stützen, und zwar für den Rest Deines Lebens. Mit anderen Worten: Du würdest Dein Leben dafür geben, Dein Versprechen einzuhalten, aus dem Lesen dieser Bücher großen Wert zu schaffen, und wenn Du diese Bücher nach vielen Jahren wieder liest, wird Dein Versprechen immer noch großen Wert für Dich schaffen.

Ob Du aus Deiner Beziehung zu diesen Büchern auch Deine Beziehung zum anderen Geschlecht transformierst oder nicht, ist Deine Sache. Die Methode für diese Transformation, die Schaffung eines **Kontextes des absoluten Wertes**, ist in den beiden oben genannten Schritten enthalten.

Einige Menschen werden für den Rest ihres Lebens auf diese Bücher schwören. Andere werden diese Bücher für den Rest ihres Lebens verfluchen. Worin liegt der Unterschied?

Der Unterschied ist, daß einige Menschen die oben genannten Schritte nutzen werden, um sich beim Lesen dieser Bücher im **Reich des Absoluten Wertes** aufzuhalten, während andere diese Bücher aus dem **Reich der Gegensätze** lesen werden. In diesem Reich, das sage ich voraus, ist nichts wichtig oder **macht einen Unterschied**, auch wenn es möglich ist, sich in ihm unterhalten zu lassen.

Du wirst es wissen, wenn Du im **Reich der Gegensätze** bist – Du wirst bemerken, daß Du das Gelesene glaubst oder nicht glaubst.

Es gibt nichts zu glauben oder zu zweifeln an den Angaben in diesen Büchern. Sei gewarnt: Ich werde einige Fehlinformationen einstreuen, und sogar ab und zu einige klare Lügen, damit Du ehrlich bleibst, und um sicherzugehen, daß Du nicht versuchst, zu glauben oder anzuzweifeln, was ich schreibe.

Diese Angaben sind wirklich das Halten, die Erfüllung eines Gelöbnisses, das ich vor einigen Jahren gegeben habe: Eine Transformation der **Mann/Frau Beziehung** zu bewirken. Vielleicht wirst Du am Ende dieser Bücher dieses Verprechen auch geben wollen. Wenn nicht, hast

Du tatsächlich den Kern verpaßt. Die effektivste Methode für die Erfüllung dieses Versprechens ist, anderen Menschen die Chance anzubieten, ebenfalls dieses Versprechen zu geben und dafür einzutreten.

Für jetzt schaffe einfach ein **Reich** oder einen **Kontext** des **Absoluten Wertes**. Du wirst wissen, wenn Du das tust, indem Du Dich während des Lesens als ein Mensch zeigst, zu dem beigetragen werden kann.

Zu den meisten von uns kann meistens nicht beigetragen werden, weil wir unseren Willen, und weil wir recht haben wollen. Also laß' uns eines klären. Du hast recht. Und nun verschwende keine Zeit, das zu beweisen.

BUCH I

Die Mann / Frau Beziehung

Die größte Nachricht des ganzen Bandes über die **Mann / Frau Beziehung** *ist, daß es diese überhaupt gibt.*

BUCH I

DIE MANN/FRAU BEZIEHUNG

Kapitel 1

Begriffsbestimmung

Jeder Einzelne trägt an der Verantwortung, die Antwort auf die Frage herzuleiten „Was ist die ***Mann/Frau Beziehung****?“*

Damit die Erfahrung dieser Bücher irgendeinen Sinn für Dich ergibt, müssen wir erst einmal Männer und Frauen unterscheiden oder definieren. Buchstäblich niemand hat bemerkt, daß es die **Mann/Frau Beziehung** überhaupt gibt: Die gemeinsame Basis, von der wir in unserem Verhältnis zum anderen Geschlecht alle kommen.

Die **Mann/Frau Beziehung** entwickelte sich aus der gesamten Geschichte menschlichen Erlebens auf dieser Erde. Sie entstand aus den Anpassungen an die Bedrohungen unseres Überlebens, die wir während der fünf Millionen Jahre (oder mehr) der menschlichen Entwicklung vorgenommen haben. Die Verhaltens-, Denk- und Gefühlsmuster, die das Überleben unserer Art über lange Zeiträume hinweg bewirkt haben, tragen viel zur **Mann/Frau Beziehung** bei. Wir sind Tiere, Geschöpfe des Instinkts.

Die **Mann/Frau Beziehung** entpringt ebenso, und gleichermaßen, aus einer geistigen oder gedanklichen Quelle: aus unseren individuellen, beliebig gewählten Anschauungen über die Beschaffenheit von Männern und Frauen. Wir sind göttlich, Geschöpfe von Geist und Gedanken.

Ich will also sagen: Die **Mann/Frau Beziehung** stammt aus zwei Quellen. Die eine ist der Instinkt, eine biochemische, hormonelle, kurz eine animalische Quelle, an unseren Körper gebunden. Die andere ist rein gedanklicher Natur, eine Überzeugungsstruktur, ein Standpunkt, den wir über die Dinge einnehmen, also eine geistige Quelle.

Die erste, die Instinkt-Quelle, ist beständig und unveränderlich. Sie entstand in einer unvorstellbar großen Anzahl von Generationen menschlicher Wesen, die sich an die Umwelt angepaßt und sich in einer Weise auf das andere Geschlecht bezogen haben, die zum Überleben des Einzelnen und der Art führte.

Die zweite, geistige, Quelle in ihrer heutigen Form wurde erst in viel jüngerer Zeit geschaffen, vielleicht in den letzten paar Jahrhunderten. Diese rein gedankliche Quelle der **Mann/Frau Beziehung** ändert sich im Rhythmus einiger Lebensalter. Selbst innerhalb eines einzelnen Lebens können wir etwas Bewegung sehen.

Die instinktive **Mann/Frau Beziehung** wird sich nicht ändern, ohne Rücksicht auf unsere Meinung darüber, es sei denn in einem zeitlichen Rahmen von Millionen von Jahren. Was Millionen Jahre zur Entwicklung benötigt, braucht auch Millionen Jahre zur Veränderung. Warte nicht darauf, daß sich noch zu Deinen Lebzeiten die menschliche Natur verändert. Du wirst alt werden und niemals Spaß haben. Außerdem ist für eine Umwandlung der **Mann/Frau Beziehung** diese Veränderung nicht erforderlich.

Die **Mann/Frau Beziehung** ist also die gemeinsame Basis, von der wir alle kommen, wenn wir uns auf das andere Geschlecht beziehen. Die gesamte Menschheit teilt die *instinktive* **Mann/Frau Beziehung**. Und die gesamte Menschheit teilt bestimmte grundlegende Annahmen der geistigen **Mann/Frau Beziehung**, jener Beziehung, die aus reinem Denken stammt und die eine Funktion aller **Selbst** dieser Welt ist.

Ich behaupte hier, daß es eine solche gemeinsame Basis gibt. Viele Bestätigungen für diese Annahme werde ich im Verlaufe der Bücher darstellen. Zum jetzigen Zeitpunkt bitte ich Dich um nicht mehr, als diese Annahme aufzunehmen. Du sollst sie nicht glauben oder bezweifeln; laß' Dich einfach darauf ein.

Wenn wir das Leben von der Vorstellung aus betrachten, daß es eine für uns alle gemeinsame Basis für unsere Beziehung zum anderen Geschlecht gibt, dann interessiert uns eine tragfähige Antwort auf die Frage: „Was ist diese gemeinsame Basis?", oder „Was ist die **Mann / Frau Beziehung?**", so genau wir sie definieren können.

Maßstab für jede Definition sollte sein, zu welcher Meisterschaft im Leben sie verhilft – in einer Welt, die zu einem großen Teil von merkwürdigen fremden Wesen bevölkert ist: den Angehörigen des anderen Geschlechts.

Der ganze Zweck dieser Bücher ist, Dir die Bestimmung einer tragfähigen Antwort zu ermöglichen, einer Reihe von Aussagen, zu der Frage „Was ist die **Mann / Frau Beziehung?**". In dem Maße, wie Du eine lebendige, nicht starr bleibende Antwort auf diese Frage entwickelst, in Übereinstimmung mit der objektiven und Deiner subjektiven Wirklichkeit, wird es Dir leicht fallen, diesen Büchern Wert zu entnehmen. Meine Aufgabe ist es, Dir für die Entwicklung Deiner eigenen lebendigen Antwort genug Material darzubieten.

Eine gute, tragfähige Antwort ist immer offen für Veränderungen, die auf einer Überprüfung an der Wirklichkeit beruhen. Meine eigene Antwort auf die Frage „Was ist die **Mann / Frau Beziehung?**" ist flexibel und unabgeschlossen. Ich werde Dir keine endgültigen Antworten präsentieren, da Dich das nicht stärken würde.

Du wirst wahrscheinlich denken, daß ich glaube, was ich schreibe. Das ist nur eine Annahme, die Du triffst, weil *Du* versuchst, recht zu haben, indem Du an das glaubst, was *Du* denkst. Ich denke nicht, daß das, was ich schreibe, **die Wahrheit** ist. Sonst könnte ich es gar nicht schreiben. Und ich glaube nicht daran.

Ich bin hier, um nützliche Fragen anzubieten, und um Bereiche für Fragen zu öffnen. Bereiche, von denen wir annehmen, sie seien verschlossen und unerforschlich, so sehr, daß wir vielleicht nicht einmal ihre Existenz bemerken. Nichts ist verschlossen und unerforschlich, und Vieles im Leben bemerken wir nicht.

Bevor wir weitermachen, habe ich hier eine Frage, mit der Du Dich beschäftigen kannst: Welche Beziehung ist auf lange Sicht für die Menschheit am wichtigsten: Die zwischen Ost und West, CDU und SPD, Nord und Süd, Liberalen und Konservativen, oder die Beziehung zwischen Männern und Frauen? Beantworte diese Frage nicht. Sei einfach mit ihr. ■

Wachsamkeitsübung

Nach jedem Kapitel wird es eine Liste mit Fragen geben. Bevor Du mit dem nächsten Kapitel fortfährst, notiere Deine Antworten auf diese Fragen, und stufe dich mittels der Antworten am Schluß dieses Bandes selbst ein. Wenn Du weniger als 100 % erreichst, studiere das letzte Kapitel noch einmal. Dieser Test dient nicht dazu, Dich nach den „richtigen" Antworten zu benoten, sondern dazu, Dir zu zeigen, ob Du das Material hellwach, oder im Schlafe liest.

1. Was ist die **Mann / Frau Beziehung**?

2. Was sind die zwei Quellen der **Mann / Frau Beziehung**?

3. Welcher Bestandteil der **Mann / Frau Beziehung** kann sich verändern, und welcher kann es nicht?

4. Über welchen Zeitraum hinweg hat sich die **Mann / Frau Beziehung** zu ihrer heutigen Form entwickelt?

5. Wie wird für unsere Zwecke jegliche Definition beurteilt, die Du als Antwort auf die Frage entwickelst „Was ist die **Mann / Frau Beziehung**?" ?

Antworten Seite 264

Kapitel 2

Der Einsatz, um den wir zu spielen glauben

Sich gut fühlen

Behaglichkeit ist die Belohnung, die wir suchen, wenn wir das Mann/Frau-Spiel spielen. Einsamkeit ist der größte mögliche Verlust, den wir uns vorstellen können.

In gewisser Weise ist das Leben ein Spiel, zusammengesetzt aus vielen anderen Spielen. Die Entscheidung, dieses Spiel namens **Leben** zu spielen, fällt mit unserer Geburt. Die Regeln sind einfach. Um das **große Spiel des Lebens** zu gewinnen, bleibe einfach lebendig. Du kannst viele der kleineren Spiele innerhalb des **Leben** genannten Spieles verlieren, und doch **Leben** gewinnen, indem Du am Leben bleibst.

Selbstverständlich verlieren wir letztendlich das Spiel genannt **Leben**. Doch für die Zeit, die wir gewinnen, erscheint uns üblicherweise das Spiel lohnenswert.

Unter den kleineren Spielen des **Lebens** ist das größte und wichtigste „**Mann/Frau**". Es umfaßt und berührt all' die anderen Spiele, einschließlich **Geld**, **Macht**, **Spiritualität** – nenne Du sie! Die meisten von uns definieren Erfolg im **Mann/Frau-Spiel** ungefähr so:

Erreichen eines befriedigenden und freudvollen Zustandes zwischen mir und Mitgliedern des anderen Geschlechts.

(Daher verlieren die meisten von uns.)

Es ist ein ehrgeiziges und erregendes Spiel. Ehrgeizig, weil es schwierig zu gewinnen ist, und erregend dank der sexuellen Energie im **Mann/Frau-Spiel**. Diese Energie ist ein direkter Ausdruck der instinktiven Lebensenergie. Du hast sie, ob Du sie liebst oder haßt, sogar wenn Du ihr abgeschworen hast. Sie ist ein unermeßlicher Vorrat an Kraft, um damit des **Wesens** Ziel für dein Leben zu erreichen. Sie kann aber nur dann wirken, wenn sie in die ganze **Person** integriert ist.

Jedes Spiel, das zu spielen Du wählst, hat seine Einsätze. Wenn Du Dich in Las Vegas an einen Glücksspiel-Tisch begibst, erwartest Du Risiken des Verlustes und Möglichkeiten für Gewinn. Das **Mann/Frau-Spiel** ist nicht anders – es bietet Verlustrisiken und Gewinnchancen. Das Verlustrisiko ist für die meisten von uns nichts anderes als Einsamkeit. Die Gewinnchance ist für die meisten von uns nichts anderes als befriedigende Beziehungen mit Menschen des anderen Geschlechts.

Dies sind die Einsätze, um die wir zu spielen glauben. Wenn Du bei diesen Einsätzen gewinnst, ist das Leben nett, und Menschen des anderen Geschlechts behandeln Dich mit Liebe und Achtung. Deine größte Angst ist, falls Du verlieren solltest, einsam zu sterben, ohne Liebe, Achtung und Begleitung.

Dies sind hohe Einsätze, wenn Du das Leben aus einem persönlichen Blickwinkel betrachtest. Und fast niemand sieht über den persönlichen Horizont hinaus. ■

Wachsamkeitsübung

1. Wie gewinnt man das **große Spiel des Lebens**?

2. Welches Spiel umfaßt und berührt fast all' die anderen Spiele im **großen Spiel des Lebens**?

3. Was ist der unermeßliche Vorrat an Lebensenergie, über den Du verfügen kannst, um des **Wesens** Ziel für Dein Leben zu erreichen?

4. Was ist erforderlich, damit Du diese Energie einspannen und nutzen kannst?

5. Um welche Einsätze glauben wir im **Mann / Frau-Spiel** zu spielen?

Antworten Seite 264

Kapitel 3

Der Einsatz, um den wir wirklich spielen

Die Zukunft

Angenommen, Du findest ein Spiel auf Leben oder Tod, und Du **mußt** *spielen. Erregend, wie? Nun, wie wär's, wenn es dabei um unser aller Leben oder Tod geht, anders gesagt, um die Zukunft menschlichen Lebens auf der Erde? Und, Du* **mußt** *spielen. Sehr erregend, wie?*

Nehmen wir mal an, daß Du gerne spielst. Du fährst nach Las Vegas, findest einen Tisch mit einem Kartenspiel und fragst nach dem Einsatz. Einer der Spieler deutet auf die Groschen auf dem Tisch. Du denkst, daß Du mit solchen Einsätzen umgehen kannst. Daß es lustig wäre, einen Haufen Groschen zu gewinnen, und nicht das Ende der Welt, ein paar zu verlieren. Also beteiligst Du Dich an dem Spiel.

Du spielst die ganze Nacht, und bei Anbruch des neuen Tages siehst Du, daß Du eine Menge Groschen verloren hast. Du hörst auf zu spielen, um einzuwechseln und Dich dann schlafen zu legen. Als Du den Tisch verlassen willst, erklärt Dir der Kartengeber, daß jeder Groschen eintausend Mark entspricht. Du siehst die anderen Spieler an, erwartest großes Gelächter. Aber sie blicken Dich nur an und drücken ihre Bestätigung aus, daß wirklich jeder Groschen eintausend Mark entspricht. Du bist empört und glaubst es nicht.

Als man dich zum Besitzer des Casinos bringt, der unter diesen Umständen nicht gerade eine nette **Person** ist, siehst Du Dein ganzes Leben den Bach 'runtergehen.

Dies ist eine unwahrscheinliche Geschichte, da in Las Vegas bei Spieleintritt die Einsätze offengelegt werden. Aber sie ist ein hervorragendes Modell für das **Mann/**

Frau-Spiel, denn die wirklichen Einsätze beim **Mann/Frau-Spiel** sind nicht klar, und sie sind möglicherweise viel größer als nur Behaglichkeit und Glücksgefühl.

Die Einsätze, um die wir zu spielen glauben, sind Erlebnisse von Behaglichkeit, Glücksgefühl, Freude, Kameradschaft usw. Falls wir entdeckten, daß diese Einsätze nur Groschen wären im Vergleich zu den wirklichen Einsätzen, was könnten dann die wirklichen Einsätze sein?

Laß' uns einen Augenblick lang über ein mögliches Ende des **Lebensspiels** reden. Wenn die Menschheit ein Experiment im **großen kosmischen Spiel** ist, ist es dann möglich, daß das Experiment namens „**Menschheit**" ein Ende finden könnte? Das ist tatsächlich sogar sehr gut möglich.

Die Mittel, das **Spiel** zu beenden, halten wir schon in Händen. Genau jetzt gibt es auf der Welt Schlüssel und Knöpfe, die das **menschliche Experiment** beenden würden, drehte bzw. drückte man sie. Viele intelligente Menschen sind davon überzeugt, daß unsere Art sehr bald ausgelöscht sein wird.

Nehmen wir für die Diskussion einmal an, daß niemals jemand die Computer aktiviert, die Schlüssel dreht, die Knöpfe drückt. Nehmen wir an, daß nie ein Verrückter die Vollmacht oder die Möglichkeit erhält, das zu tun. Nehmen wir an, daß niemals eine terroristische Gruppe eine Atombombe in ihre schmutzigen Finger bekommt. Laß' uns den Zweifel zu unseren Gunsten auslegen und annehmen, daß wir mehr Vernunft haben werden, als absichtlich die Erde in die Luft zu sprengen. Ich finde das sehr unwahrscheinlich. Laß' uns großzügig sein und annehmen, daß das niemals durch menschliche Absicht geschehen wird. Gibt es noch einen anderen Weg, wie die zerstörerische Kraft der nuklearen Waffen freigesetzt werden kann?

Betrachten wir für einen Augenblick das Fachgebiet Statistik mit ihren Möglichkeiten und Wahrscheinlichkeiten. Wenn es für ein nicht wahrscheinliches, nur mögliches, Ereignis überhaupt eine Möglichkeit gibt, und wir genug Zeit in die Rechnung einbeziehen, dann sagen die Statistik und der gesunde Menschenverstand, daß es schließlich doch eintreten wird. Anders gesagt geht es hier um das, was gewöhnlich „Zufall" genannt wird.

Demzufolge ist die Existenz von Nuklearwaffen zusammen mit genügend viel Zeit gleichbedeutend mit vielen Lichtblitzen, in denen wir alle verschwinden, ausgenommen einiger weniger, die während der nächsten Wochen durch die radioaktive Strahlung umkommen, und der Rest, der in den nächsten Monaten im globalen nuklearen Winter umkommt.

Alles was wir also brauchen, um **das Ende** zu erreichen, ist die **Möglichkeit** und genügend **viel Zeit**, und von beidem gibt's genug. Wenn unbegrenzt viel Zeit in die Wahrscheinlichkeitsrechnung einbezogen wird, wird Wahrscheinlichkeit zur Gewißheit.

Ich lebe, um diese Möglichkeit zu beseitigen, so daß unendlich viel Zeit in die Rechnung einbezogen werden kann, ohne daß die nukleare Katastrophe eintritt. Ich lebe nicht in der Hoffnung, daß die Katastrophe trotz vorhandener Möglichkeit niemals eintreten wird. Ich weiß, daß sie eintreten wird.

Laß' uns etwas zurückgehen und ansehen, wie eine solche Situation ursprünglich entstanden sein könnte. Könnte es irgendetwas mit dem **Mann / Frau-Spiel** zu tun haben? Um eine tragfähige Antwort zu finden, stellen wir uns die Menschheit als eine Gruppe von Menschen in einem Bus vor, dem **Bus des Lebens**, der eine Straße entlangfährt: die **Straße der Geschichte**.

Wenn wir die Straße zurückblicken, woher wir kamen, sehen wir das unglaubliche Leiden in schwierigen Lebensumständen, aus denen wir alle kamen. Wir sehen unsere Vorfahren, wie sie sich unter den schwierigsten Bedingungen von der Hand in den Mund durchschlagen.

Wenn wir aus dem Bus in die Gegenwart schauen, sehen wir auf der einen Seite des Busses Hunger – Millionen von Menschen sterben an Hunger, regelmäßig und fortwährend.

In einem anderen Teil der Gegenwarts-Landschaft gibt es Berge überschüssiger Nahrungsmittel, die verderben; mehr als genug, um jene hungernden Menschen zu ernähren. Es gibt die geistige Fähigkeit, diesen Menschen beizubringen, sich selbst zu ernähren. Das ist es, was sie wirklich wollen. Und im Innern des Busses streitet man sich, was, wenn überhaupt, man denn tun solle.

Auf der anderen Seite des Busses sehen wir in vielen Teilen der Welt konventionelle Kriege wüten. Und wenn wir auf der **Straße der Geschichte** nach vorne spähen, in die Zukunft, sehen wir alle einen blendenden Lichtblitz, **das Ende** von Leben auf der Erde wie wir es kennen. Es ist nicht klar, wie weit voraus auf der Straße das ist, aber jeder von uns, der hinschaut, sieht es.

Im Innern des Busses suchen wir alle wie wahnsinnig nach einer Lösung. Einige von uns meinen, daß alles gut gehen wird, wenn wir alle auf der rechten, der kapitalistischen Seite des Busses sitzen. Andere denken, wenn wir alle auf der linken, der sozialistischen / kommunistischen Seite des Busses sitzen, würde alles gut. Einige wenige sind unentschlossen. Im Bus ist eine laute Diskussion über rechts / links in Gang.

Niemand hat bemerkt, daß die Welt im **Reich der Gegensätze** existiert, und daß die Ost / West-Polarität, oder ähnliches, im **Reich der Gegensätze** unvermeidlich ist.

Ebensowenig ist irgendjemand auf die Idee gekommen, nachzusehen, wer oder was den Bus geradewegs auf den blendenden Lichtblitz zufährt.

Wenn wir herausfänden, daß das Ding auf dem Fahrersitz, was auch immer es ist, etwas mit dem **Mann / Frau-Spiel** zu tun hat, dann sähen die Einsätze, um die wir zu spielen glauben, schon mehr aus wie Leben oder Tod, oder anders gesagt, wie die Zukunft des **menschlichen Experimentes** – nicht wie es sich entwickeln wird (das ist ein anderes Thema), sondern seine Existenz überhaupt, ob es eine Zukunft geben wird oder nicht. ■

Wachsamkeitsübung

1. Kann das Spiel des Lebens enden? Wenn ja, wie?

2. Wenn wir das **Spiel des Lebens** niemals absichtlich beenden, könnte es auf andere Weise enden? Wenn ja, wie?

3. Die Existenz von Nuklearwaffen zusammen mit was bedeutet **das Ende**?

4. Was ist auf den beiden Seiten des Lebensbusses?

5. Was erwartet uns auf der **Straße der Geschichte**, wenn wir unsere gegenwärtige Richtung fortsetzen?

Antworten Seite 264

Kapitel 4

Macho

Das Ding auf dem Fahrersitz

Von seltenen Ausnahmen abgesehen, betreiben Männer, nicht Frauen, die Kriegsmaschinerie der Welt. Das steht außer Frage. Ich habe eine andere Frage: Was treibt die Männer?

Laß' uns nachschauen, „wer" das Lenkrad des Busses in der Hand hat. Bei genauem Hinsehen erweist sich dieses „wer" als männlich, nicht weiblich. Anders gesagt: Wenn wir uns anschauen, was die Regierungen der Welt kontrolliert, die die Macht über den Nuklear-Schlag haben, so sind nahezu keine Frauen zu sehen. Wenn wir beispielsweise den Kongress oder das militärische Oberkommando der USA betrachten, oder das Politbüro des Kreml, oder die Parlamente Englands oder Indiens, um nur einige zu nennen, dann ist dort wirklich keine nennenswerte Anzahl Frauen vertreten. Anders gesagt, was auch immer das da ist, am Steuerrad dieses Busses, es ist bestimmt männlich.

Wenn wir uns den Fahrersitz noch näher anschauen, sehen wir nicht einzelne Männer, sondern eher ein männliches Charakteristikum. Falls eine Frau dieses Charakteristikum an den Tag legen will, kann auch sie das Steuerrad in die Hand bekommen.

Dieses Charakteristikum ist sogar bereits im Namen für unsere Nuklearpolitik verkörpert: In den Vereinigten Staaten heißt sie „Mutual Assured Destruction" (gegenseitig zugesicherte Vernichtung = gegenseitige Abschreckung), kurz M.A.D. Mit anderen Worten: Falls du mich schlägst, werde ich so hart zurückschlagen, daß wir beide gegenseitig vernichtet werden. Für jeden Mann und jeden Heranwachsenden klingen diese Worte bekannt.

Im Leben eines jeden Jungen hat es eine Zeit gegeben, etwa im Alter von 8 bis 10 Jahren, zu der er sein Leben als bedroht wahrnahm. Die Gefahr bestand darin, von einem Schlägertypen vernichtet zu werden. Jeder Junge auf dieser Erde sieht dieser Möglichkeit in's Gesicht, in Indien, in Afrika, in den Vereinigten Staaten, in der Sowjetunion, in England – eine universale menschliche Erfahrung des männlichen Erwachsenwerdens.

Bald wurde Angst vor dem Tode zur alltäglichen Erfahrung, und jeder lebende Mann hat in seinem **Verstand** die Namen eines oder mehrerer Schläger gespeichert, die ihn terrorisiert haben. Männer im Alter von 40 Jahren, 50, 60 oder mehr, haben immer noch diese Namen in ihrem **Verstand** und können sich leicht an sie erinnern. Wenn Du eine Frau bist, die dies liest, und es bezweifelt, dann frage irgendeinen Mann.

Diese Situation entspringt der Entwicklungsgeschichte unserer Art. Die werden wir uns später genauer ansehen (Buch VIII, Kapitel 4). Für jetzt möchte ich nur, daß Du dich darauf konzentrierst, welche Rolle die Angst beim Mann-Werden spielt.

Wenn Du klein und ängstlich wärest, und man verlangte von Dir, komplexe Dinge wie Multiplikationstabellen oder schwierige Aussprachen zu lernen, könntest Du Dich leicht in einer Erstarrung wiederfinden. Unfähig, etwas zu tun oder gar zu lernen, in einer Angst-Lähmung, würdest Du eine Lösung suchen. Vielleich würdest Du Dir selbst Mut zusprechen. Um Deine Angst zu mildern, könntest Du etwas sagen wie:

1. Ich bin besser als dieser Schläger. Diese Art von Behandlung habe ich nicht verdient. Wenn es hart auf hart kommt, werden die Erwachsenen das sehen und mich retten, oder

2. Er mag stärker sein als ich, aber ich bin sicherlich schneller. Es wäre demütigend, aber ich könnte weglaufen und ihm entkommen, oder

3. Vielleicht sehe ich nicht so aus, aber ich bin stärker, und wenn es sein müßte, könnte ich einen Kampf bestimmt gewinnen, oder

4. Wenn alles andere schiefgeht, ich bin schlauer als dieser Dummkopf. Ich könnte ihn austricksen und mich auf die eine oder andere Weise retten.

Jetzt hast Du also einen Satz von vier Behauptungen, guten Zuspruch, durch den Du Dich besser fühlst, wenn Du ihn Dir gibst. Um zu funktionieren und Deinen Schulstoff zu lernen, gibst Du Dir diesen Zuspruch immer wieder, viele Male am Tag, weil die Angst Dich stets begleitet. Du sagst Dir immer wieder „Ich bin besser, schneller, stärker, klüger“ und es wirkt! Während der nächsten zehn Jahre wiederholst Du das Tag für Tag, bis Du es irgendwann nicht mehr denkst. Tatsächlich wirst Du so, und das wird der Ausgangspunkt für alle Deine übrigen Gedanken.

Wenn Du Dir selbst jahrelang immer wieder etwas sagst wie „Ich bin besser, schneller, stärker, klüger“, dann hörst Du schließlich auf, es zu denken, und wirst es. Es ist eine Einstellung, die Du einnimmst, und als solche ein Teil Deines **Selbst**. Jeder Junge nimmt diese Einstellung an, wenn er ein Mann wird. Wir haben einen Namen für diesen Satz von Gedanken „Ich bin besser, schneller, stärker, klüger“, das, was alle Männer sind. Dieser Name ist das „Männliche Macho-Ego“. Das ist nicht mehr und nicht weniger als diese Reihe von vier einfachen Gedanken. Wir werden es gelegentlich als MME abkürzen.

Wenn es darum geht, so etwas wie Nuklear-Politik zu entwerfen oder durchzuführen, dann denken Männer nicht „Wir sind besser, schneller, stärker, klüger“, oder den darunterliegenden Gedanken „Die wollen uns etwas antun“; Männer denken von diesen Gedanken aus, planen von diesen Gedanken aus, handeln von diesen Gedanken aus. Männer sind sich der Wahrheit dieser Behauptungen so sicher, daß viele von uns sie nicht bewußt denken können.

Das Ding auf dem Fahrersitz im **Bus des Lebens** ist also das männliche Macho-Ego, eine einfache Reihe von Gedanken: „Ich bin besser, schneller, stärker, klüger“, von der aus alle Männer denken. Solange das MME steuert, ist M.A.D. die einzig mögliche Nuklear-Politik der Welt.

Wenn dem so ist, wo bleiben die Frauen, oder genauer, wo bleibt das **weibliche Prinzip**, der Gegenpol zum männlichen Macho-Ego? ■

Wachsamkeitsübung

1. Was treibt die Männer?

2. Wer oder was ist verantwortlich für die Kriegsmaschinerien der Welt?

3. Wie können unter den gegenwärtigen Umständen Frauen das Lenkrad im **Bus des Lebens** in die Hand bekommen?

4. Was ist das **männliche Macho-Ego**?

5. Was ist der Zweck des MME?

6. In welchem Alter entwickeln männliche Wesen ein MME?

7. Welche Männer haben kein MME?

Antworten Seite 264

Kapitel 5

Das weibliche Prinzip

Was ist das, und wo ist es?

Wenn wir entdeckten, daß Frauen eine Qualität besitzen, die ein Gegengewicht zum männlichen Macho-Ego bilden könnte: würde es sich lohnen, darüber etwas zu wissen?

Bevor wir uns umsehen, wo das **weibliche Prinzip** im Bus angeordnet ist, wollen wir uns fragen, was es ist. Ich definiere es so: Die Fähigkeit, Problemlösungen zu finden ohne Rückgriff auf Gewalt oder auf Macht, die auf Gewaltandrohung beruht.

(Kannst Du Dir vorstellen, ein Komitee von Frauen wäre auf „gegenseitige Abschreckung" gekommen als Lösung für das Problem der Existenz von Nuklearwaffen?)

Um das **weibliche Prinzip** zu finden, müssen wir nach ganz hinten im Bus blicken, wo es in aller Stille sitzt. Anders gesagt, im **Bus des Lebens** sitzen die Frauen hinten. Die am weitesten vorn sitzenden Frauen regen sich darüber auf und beschweren sich, wie der Bus gefahren wird, und die anderen Frauen beschäftigen sich mit der Umverteilung der hinteren Sitze im Bus. Die Frauen in der letzten Reihe reisen schweigend, und eine weitere Gruppe von Frauen reist im Gepäckraum. Sie sind nicht nur nicht zu hören, sie sind nicht einmal in der Öffentlichkeit zu sehen.

Warum sind die Frauen im hinteren Teil des Busses? Vier Faktoren halten sie dort:

1. die Vorstellung, daß unbedeutend ist, was die Einzelne tut,
2. die Angst vor Männern,
3. die Angst, die Chance zu verlieren, jemals einen Mann zu haben, und

4. der Spott der Männer.

Im nächsten Kapitel werden wir uns mit der Vorstellung befassen, daß das Handeln des Einzelnen unwichtig sei.

Was die Angst vor Männern angeht: Wenn Du ein Mann bist, der diese Worte liest, dann mußt Du wissen, daß Frauen sich gegenüber Männern so fühlen, wie Du gegenüber dem Schlägertypen, als Du 12 Jahre alt warst.

Du bist wahrscheinlich nicht verprügelt worden, oder wenn, dann nicht mehr, als für die Festlegung der Machtverhältnisse erforderlich. Der wahre Schmerz in dieser Situation waren die Angst und die Erniedrigung durch die allgegenwärtige Möglichkeit, Schläge zu bekommen. Frauen erleben andauernd unbewußt, oft auch bewußt, diese Angst und Erniedrigung in der Gegenwart von Männern. Wenn Du ein Mann bist, und dies nicht glaubst, frage irgendeine Frau.

Jede Frau hat in ihrer Physiologie (ungefähr in ihrem Solarplexus lokalisiert) den Gedanken eingebaut „Ich muß einen Mann haben, oder ich werde sterben". Dieser Gedanke wurde von ungezählten Generationen von Frauen eingebaut. Für alle Frauen in prähistorischen Zeiten, und für viele in historischen Zeiten, war es buchstäblich wahr, daß jede Frau einen Mann haben mußte, oder sie riskierte, zu sterben.

Dieser Gedanke wird von einem Schwächegefühl begleitet, wie es die Jungen in der Begegnung mit dem Schläger haben. Dieser Gedanke und dieses Gefühl kommt für Frauen vor allem nachts hoch, wenn sie allein, ohne Mann sind.

Bitte verstehe die starke Ambivalenz, die Frauen gegenüber Männern haben. Einerseits fürchten sich Frauen vor den Männern, und andererseits fürchten sie noch mehr, keinen zu haben. Wenn alle Männer um diese einfache Tatsache wüßten, dann würde sich die **Mann/Frau Beziehung** sofort verändern.

Der letzte Faktor, der das **weibliche Prinzip** im hinteren Teil des **Lebensbusses** hält, ist der Spott und die Verachtung der Männer für Frauen, die sich im Bus nach vorne begeben, um mehr Verantwortung im Leben zu übernehmen. Auch dies ist auf Seiten der Männer eine instinktive Reaktion. Sie stammt aus jenen uralten Umständen, in denen eine solche Bewegung einer Frau das Überleben der Familie oder des Stammes bedroht hätte. ■

Wachsamkeitsübung

1. Was ist das **weibliche Prinzip**?

2. Wo im **Bus des Lebens** ist das **weibliche Prinzip**?

3. Warum haben Frauen unbewußt oder bewußt Angst vor Männern?

4. Jede Frau hat in ihrer Physiologie (ungefähr in ihrem Solarplexus lokalisiert) einen Gedanken eingebaut. Welchen?

5. Woher kommt dieser Gedanke?

6. Unter welchen Umständen kommt dieser Gedanke am ehesten hoch?

7. Welche Faktoren halten das **weibliche Prinzip** im hinteren Teil des **Lebensbusses**?

Antworten Seite 265

Kapitel 6

Die Beziehung des Individuums zum Ganzen

Alle **Wesen** *existieren innerhalb einer Matrix. Wenn sich ein* **Wesen** *verändert, verändert sich die Matrix selbst, und mit der Zeit verändern sich so alle* **Wesen**. *Das letztendliche Geheimnis des Lebens ist die Wirklichkeit des Todes. Diejenigen, die dieses Geheimnis kennen, streben danach, die Matrix zu verändern und ihre Spuren auf der Erde zu hinterlassen.*

Wenn Du Dir Zeit nimmst, zu untersuchen, was Du über Deinen Wert im Leben annimmst, dann wirst Du bemerken: Der Nebel, den Du durchdringen mußt, um irgendeine Möglichkeit zu sehen, einen Unterschied zu machen, ist der allgegenwärtige Gedanke „Ich bin sowieso nicht wichtig, niemand ist das, warum es also versuchen?“. Mit anderen Worten: Wir denken, daß der Einzelne im Leben nichts bewirkt.

Wir kommen zu diesem Schluß und nehmen diesen Standpunkt ein, weil unsere Beurteilungskriterien darüber, ob wir einen Unterschied machen oder nicht, nichts damit zu tun haben, ob wir wirklich Bedeutung erlangen, oder nicht. Diese falschen Kriterien sind Ehre, Anerkennung und Bestätigung. Haben wir für unsere Taten Anerkennung, Bestätigung und Ehre erhalten? Stimmen andere Menschen uns zu, daß wir Bedeutung haben?

Wenn nicht, dann gab es gemäß dieser Kriterien nichts von Bedeutung. Gemäß dieser Kriterien muß man in der Zeitung oder im Fernsehen gepriesen werden, damit man im Leben wichtig ist. Durch diese Kriterien gesehen, bewirkt fast niemand etwas.

Nun, werfen wir einen Blick auf die Wirklichkeit. Ist es wahr, daß Anerkennung, Bestätigung und Ehre notwendig sind, um einen Unterschied zu machen? Wenn diese Frage klar gestellt wird, ist die Antwort ein sicheres „Nein, selbstverständlich nicht!". Viele Menschen haben in Deinem Leben Großes bewirkt, und haben dafür wenig oder keine Anerkennung erhalten.

Du könntest diese Menschen jetzt aufzählen, und es würde eine lange Liste werden. Wenn Du Dir die Liste ansiehst, wirst Du bald bemerken, daß diese Menschen auf eine Weise zu Dir beigetragen haben, wie Du den Beitrag weitergeben könntest und es auch schon getan hast, und so weiter. Es gibt lebende Menschen, die zur Menschheit riesige Beiträge geleistet haben, und deren Namen wir doch niemals kennen werden. Ich lasse Dir hier Raum, sechs solcher Menschen aus Deinem eigenen Leben aufzulisten:

1.

2.

3.

4.

5.

6.

Wieviele von diesen Menschen wurden gepriesen und für ihren Beitrag zur Menschheit geehrt? Wieviele sind dafür in's Fernsehen gekommen?

Das Leben ist also eine sich ständig verändernde Matrix. Wenn sich darin ein Schnittpunkt (ein Individuum) verändert, verändert sich die ganze Matrix. Wenn Du Dich dafür einsetzt, ein transformiertes Leben zu leben, dann erfahren alle Leben eine Veränderung, doch nur wenige der betroffenen Menschen wissen, wer das verursacht hat.

Was Du tust oder läßt, bewirkt eine Menge innerhalb der Matrix. Die meisten von uns warten darauf, bewegt zu werden, anstatt die Fähigkeit auszuüben, selbst zu bewegen und beizutragen. Die durch Passivbleiben erreichte Wirkung wird eher in Einheiten von Nicht-Geschehenem gemessen, als in Einheiten von dem, was passiert ist. Das ist eine kraftvolle Methode, um einen grundlegenden Unterschied zu machen.

Das Schöne an diesem Wissen ist, daß Dein Leben auf die Füße gestellt wird, wenn Du um die Wichtigkeit Deines Lebens weißt. Der Unterschied zwischen einem Leben, das in Absicht gelebt wird und im Wissen um seine Bedeutung, und einem Leben, das nicht in diesem Wissen gelebt wird, ist ein Unterschied wie Tag und Nacht.

Auf unser Thema bezogen: Die Art und Weise, wie Du Deine Beziehung(en) zum anderen Geschlecht (er)lebst und gestaltest, hat eine grundlegende Wirkung auf die **Mann/Frau Beziehung**, die gemeinsame Basis, von der wir alle kommen, wenn wir uns auf das andere Geschlecht beziehen.

Wir alle wissen intellektuell, daß unser Leben eines Tages enden wird. Einige wenige von uns wissen es auf eine mehr als nur intellektuelle Weise. Wenn wir die Endlichkeit des Lebens nicht leugnen, führt sie uns zu einem Leben mit dem Ziel, etwas beizutragen, eine Wirkung zu hinterlassen: einen Unterschied zu machen. Wenn Du um dieses letztendliche Geheimnis des Lebens wüßtest, die Wirklichkeit des Todes, könntest Du dann weiterhin Deine Beziehung zum anderen Geschlecht in einem kleinen Kontext halten? Könntest Du weiterhin die Menschen des anderen Geschlechts so behandeln, wie Du es heute tust? ■

Wachsamkeitsübung

1. Welchen Nebel müssen wir durchdringen, um zu wissen, daß wir im Leben überhaupt einen Unterschied machen?

2. Welche falschen Maßstäbe benutzen wir, um herauszufinden, ob wir wichtig sind oder nicht?

3. Was geschieht, wenn sich ein Schnittpunkt in einer Matrix verändert?

4. Was ist das letztendliche Geheimnis des Lebens?

Antworten Seite 265

Am Ende eines jeden Buches wird es eine Seite wie diese hier geben. Wenn Du dieses Buch liest, damit es für Deine Beziehung zum anderen Geschlecht wichtig wird, dann ist es erforderlich, daß Du diese Seiten gründlich benutzt. Diese Seite heißt „Arbeitsblatt“.
Zu Deiner Erinnerung hier eine Zusammenfassung des Materials in diesem Buch:

Buch I: Die Mann/Frau Beziehung

1 Begriffsbestimmung
2 Der Einsatz, um den wir zu spielen glauben
  – Sich gut fühlen
3 Der Einsatz, um den wir wirklich spielen
  – Die Zukunft
4 Macho
  – Das Ding auf dem Fahrersitz
5 Das weibliche Prinzip
  – Was ist das, und wo ist es?
6 Die Beziehung des Individuums zum Ganzen

Einsichten in mein eigenes Leben, die ich aus dem Lesen von Buch I gewonnen habe:

1.

2.

3.

4.

5.

Welche auf diesen Einsichten beruhende Handlungen plane ich, einschließlich des Zeitpunktes, zu dem jede einzelne vollendet sein wird:

1.

2.

3.

4.

5.

BUCH II

Aufrichtigkeit

Die Qualität der eigenen Aufrichtigkeit und Integrität bestimmt die Qualität des eigenen Lebens.

BUCH II

AUFRICHTIGKEIT

Kapitel 1

Aufrichtigkeit

Die Definition

Erwachsene Aufrichtigkeit zu zeigen, bedarf einer erwachsenen Definition. Die meisten von uns handeln aus einer kindlichen Definition heraus.

Als Kinder bekommen wir beigebracht, aufrichtig zu sein. Und wir bekommen beigebracht, daß das heißt, nicht zu lügen, betrügen oder stehlen. Selten wird ein Kind gelehrt, warum es nicht lügen, betrügen oder stehlen soll, und wenn doch, dann beleidigen die vorgebrachten Begründungen die Intelligenz des Kindes. Desweiteren wird Kindern Aufrichtigkeit als eine passive Qualität dargestellt: Handlungen, die man nicht tut. Wir lehren Aufrichtigkeit nicht als eine aktive Qualität: Handlungen, die man als Akt der Aufrichtigkeit tut, andernfalls ist man nicht aufrichtig. Das Ergebnis ist eine Welt voller passiver Lügner – Menschen, die die Wahrheit nicht sagen, wenn es an der Zeit wäre, die Wahrheit zu sagen.

In der Diskussion über die Eigenschaften der Aufrichtigkeit werde ich erwachsen mit Dir sprechen, wohl wissend, daß Du vielleicht noch nie ein erwachsenes Gespräch über Aufrichtigkeit hattest. Wahrscheinlich haben Deine Eltern Dir nie etwas Überzeugendes über Aufrichtigkeit beigebracht, und wenn doch, dann waren das nur deren Erfahrung oder Konzepte, und nicht Deine.

Wenn Du stabile Gründe entwickeln willst, aufrichtig zu bleiben, dann wirst Du ein sehr unangenehmes Experiment namens **unaufrichtig Sein** durchführen müssen, und leidenschaftslos seine Ergebnisse beobachten. Wenn Dir die Folgen erst einmal deutlich geworden sind, kannst Du bewußt wählen, aufrichtig zu sein oder nicht. Das ist kein schöner Weg zur Aufrichtigkeit, aber er ist sehr nachhaltig.

Auch wenn ich kaum aus dem Blickwinkel meiner Lebens-"Geschichte" schreibe, *sind* die Abstraktionen, über die ich schreibe, doch aus meiner eigenen Lebenserfahrung abgeleitet. Ich lasse mich einfach weg, damit Raum für Dich entsteht. Ich spreche abstrakt zu Dir aus meiner eigenen Erfahrung mit Aufrichtigkeit und Unaufrichtigkeit. Was ich hier sage, ist wahr für mich. Ich habe mein Lehrgeld bezahlt, um meine Grundsätze zu finden.

Aufrichtig sein ist viel mehr, als keine Lügen zu erzählen. Aufrichtigkeit ist auch eine aktive Handlung: Die Handlung, die Wahrheit zu sagen. Unaufrichtigkeit andererseits kann im Handeln oder im Nicht-Handeln sein. Unwahre Information zu erzählen, ist unaufrichtig, genau so wie es unaufrichtig ist, die Wahrheit zurückzuhalten, wenn es Zeit wäre, sie zu sagen. Und das geht über die bloße Information hinaus.

Aufrichtigkeit erfordert, daß Du Dein Erleben wahrheitsgetreu darstellst, ebenso wie die vorhandene Information. Dieses auszudrücken hat kein anderes Ziel, als den Ausdruck selbst. Es gibt Situationen, in denen es an der Zeit ist, die Wahrheit über Dein Fühlen auszudrücken. Wenn Du sie zurückhältst, bist Du ein Lügner, und Du wirst des Lügners Preis bezahlen. Und auch, wenn Du die Wahrheit über Dein Erleben als Waffe benutzt, um andere zu bestrafen, bist Du ein Lügner, und Du wirst des Lügners Preis bezahlen.

Es gibt noch ein anderes, schwerer definierbares Reich der Aufrichtigkeit. Es ist das Reich des aufrichtig *Seins*, das über aufrichtig Handeln hinausgeht. Aufrichtig *Sein* heißt, nach Deinem besten Wissen und Erleben die Wahrheit zu sagen, und zwar in Deiner eigenen Verantwortlichkeit.

Wenn Du aufrichtig bist für jemand anderen, oder wenn Du aufrichtig bist für etwas, an das Du glaubst, oder wenn Du aufrichtig bist für eine Belohnung, oder um eine Strafe zu vermeiden, oder um andere zu belohnen oder zu bestrafen, dann bist Du nicht im aufrichtig *Sein*, auch wenn Du vielleicht aufrichtig *handelst*. ■

Wachsamkeitsübung

1. Wird Kindern die Aufrichtigkeit als passive oder aktive Qualität beigebracht? Also, wird Kindern gesagt, Aufrichtigkeit ist etwas, das man tut, oder das man nicht tut, oder beides?

2. Was sind die zwei Komponenten der Aufrichtigkeit?

3. Wie handelt man aufrichtig?

4. Wie ist man aufrichtig?

5. Wie handelt man unaufrichtig?

6. Wie ist man unaufrichtig? (Für die Antwort auf diese Frage wirst Du nachdenken müssen. Sie ist im Text enthalten, aber nicht ausdrücklich genannt.)

Antworten Seite 265

Kapitel 2

Alle haben gesündigt

Wenn Du behauptest, kein Lügner zu sein, hast Du damit bereits bewiesen, daß Du ein Lügner bist.

Vollständige Aufrichtigkeit ist ein schwierig zu erreichender Zustand. Du kannst Dich ihm nähern, oder ihn vielleicht sogar für einige wenige Augenblicke erschaffen. Wenn Dir das gelingt, dann wirst Du für alle Zeiten auf diese Augenblicke als die „Höhepunkte" in Deinem Leben verweisen. Augenblicke, in denen Du „klar" warst, Dich „großartig fühltest", oder wie auch immer Du diese Erfahrung beschreiben würdest.

Die alten Griechen hatten beim Bogenschießen ein Wort für den Abstand zwischen dem Zentrum der Zielscheibe und dem Punkt, an dem der Pfeil tatsächlich einschlug. Dieser Abstand wurde „Sünde" genannt. Eine Sünde ist also das Maß eines Abstandes, und nicht etwas, dessen Du Dich schuldig fühlen müßtest. Auch wenn Schuldgefühle große Vorteile bieten.

Demzufolge haben wir alle bezüglich der Aufrichtigkeit gesündigt. Wir alle verfehlten das Zentrum der Zielscheibe intellektuell, in unserem Erleben und auf der Ebene des **Seins**. Nicht so gesündigt zu haben, wäre un-menschlich. Ein menschliches Wesen ist einfach zu komplex, um auf allen drei Ebenen zugleich zu allen Zeiten aufrichtig sein zu können.

Nichtsdestoweniger gibt es einen bestimmten Preis, den wir für unaufrichtig **Sein** und unaufrichtig **Handeln** bezahlen, und es gibt ein bestimmtes Geschenk, das wir für aufrichtiges **Sein** und **Handeln** erhalten. Der Trick ist, daß wir das Geschenk nicht erhalten, wenn wir es deswegen tun. Das wäre nämlich nicht aufrichtig **Sein** im Reich der

Verantwortlichkeit. Was ich meine ist: Wenn die Belohnung der Grund der Aufrichtigkeit ist, dann bist nicht Du der Grund, und dann bist Du nicht im aufrichtig **Sein**. Dann ist eher Dein Wunsch nach Belohnung aufrichtig. Damit Du also das Geschenk bekommst, mußt Du aufrichtig sein und handeln aus keinem anderen Grunde, als um aufrichtig zu sein und zu handeln.

Es ist nützlich, sich klarzumachen, daß es so etwas wie **die Wahrheit** in einer Welt der Gegensätze nicht gibt. Alles, was Du sagen kannst, hat sein Gegenteil. Der einzige Grund, warum etwas für Dich wie **die Wahrheit** aussieht, liegt darin, daß Du Dich für die eine oder die andere Seite des anstehenden Themas entschieden hast. Das beste, was Du tun kannst, wenn Du **die Wahrheit** sagst, ist: (1) berichte Informationen nach Deinem besten Wissen, (2) berichte Dein Erleben so genau Du kannst, und (3) tue dies in Deiner eigenen Verantwortlichkeit.

Du kannst von **der Wahrheit** aus sprechen, das heißt, **die Wahrheit** kann der Ursprung Deiner Kommunikation sein, aber **die Wahrheit** kann nicht die Kommunikation selbst sein. Du kannst nicht **die Wahrheit** sagen. Wenn **die Wahrheit** gesagt werden könnte, hätte jemand sie schon vor langer Zeit gesagt und damit die Diskussion beendet.

Die Wahrheit ist der Kontext, der alle Gegensätze ohne Widerspruch enthält. Ein anderer Ausdruck für **die Wahrheit** ist das **Reich des Absoluten**. Aber, wenn Du das sagst, dann wird es eine Position, ein Ding, das Du glaubst und das ein Gegenteil hat, und das deswegen nicht länger **die Wahrheit** sein kann. **Die Wahrheit** zu sagen, ist unmöglich.

Aus genau diesem Grunde rate ich Dir, nicht zu versuchen, den Informationen in diesen Büchern zu glauben oder zu mißtrauen, sondern lieber im **Reich des absoluten Wertes** mit ihnen zu sein. Das **Reich des Absoluten** ist **die Wahrheit**, und diese Bücher stammen aus diesem Reich. Sie sind nicht **die Wahrheit** selbst.

Im nächsten Kapitel werden wir uns das Geschenk ansehen, das man erhält, wenn man auf den Ebenen des Intellekts und des Erlebens aufrichtig ist und handelt, und zwar aus eigener Verantwortlichkeit – also ohne Absicht. ■

Wachsamkeitsübung

1. Was ist „Sünde"?

2. Unter welchen Bedingungen kommen die Segnungen für Aufrichtigkeit zum Vorschein?

3. Aus welchen drei Komponenten besteht „die Wahrheit sagen"?

4. Was ist die Wahrheit?

5. Ist es möglich, die Wahrheit zu sagen?

6. Was kann man sagen?

Antworten Seite 265

Kapitel 3

Sein

Die Folgen von Aufrichtigkeit

Aufrichtigkeit aus Deiner eigenen Verantwortung führt zu einem direkten Gewahrwerden des **Wesens**, *von dem das Leben kommt.*

Es gibt ein Geschenk für Aufrichtigkeit. In dem Maße, wie Du ohne Absicht auf Belohnung intellektuell und in Deinem Erleben aufrichtig bist und handelst, wirst Du unermeßlich belohnt. Damit Du diese Belohnung erhalten kannst, muß sie bedeutungslos für Dich sein.

Diese Art der Aufrichtigkeit nur um ihrer selbst willen erlaubt Dir, das **Wesen** unmittelbar zu erfahren. Hier sind einige der Möglichkeiten, wie sich das im Leben ausdrückt:

(1) Dir wird vertraut:
Im Deinem Umgang mit Menschen ist einfach der übliche Müll nicht da, der sich darauf bezieht, ob Dir vertraut werden kann oder nicht. Darum kannst Du direkt zu dem fortschreiten, was Deine Beziehung zu anderen Menschen wirklich ausmacht, ohne Deine Zeit zu vergeuden, bis sie herausfinden, ob Dir vertraut werden kann.

(2) Du bist völlig bewußt im Erleben von Mit-Gefühl:
Wenn zwischen Dir und anderen nichts ist als die Wahrheit, gibt es eine Erfahrung, die andere **Person** zu sein, wenn Du mit dieser **Person** bist. Dies erlaubt Dir, zu lieben und geliebt zu werden.

(3) Erfolg ist eine offene Tür:
Das meiste dessen, was wir für Fehlschläge halten, ist ein Ergebnis des Versuches, andere zu manipulieren. Es ist so, als ob Du in Dir eine Werbe-Agentur hast, die sich eher dem Bild als der Wahrheit widmet. Wenn diese Agentur

außer Betrieb ist, kann das **Selbst** seinen Sinn in der Welt ausdrücken. Ich nenne das Erfolg.

(4) Authentizität:
Dies ist das Erleben, wirklich zu sein, mit dem Leben mit seinen Menschen und Umständen verbunden zu sein.

(5) Angemessenheit:
In Deiner eigenen Verantwortlichkeit aufrichtig zu sein und die Wahrheit zu sagen, führt dazu, daß ganz klar wird, was angemessen ist.

(6) Höhere nutzbare Intelligenz:
Die Wahrheit zu verbergen und ein falsches Selbst zu errichten, verbraucht eine Menge Lebensenergie. Wenn diese Energie befreit wird, zeigt sie sich auf viele Arten. Eine davon ist erhöhte geistige Leistungsfähigkeit.

Die Belohnungen sind so großartig, daß es verlockend wäre, für diese Belohnungen aufrichtig zu sein und zu handeln. Aber wenn Du das tust, bekommst Du sie nicht. Das ist so, weil Du nicht wirklich aufrichtig bist, wenn Du aufrichtig bist, um gut zu sein. Du bist dann mehr an Deinem Bild interessiert, und daran, anderen zu gefallen, als daran, aufrichtig zu sein. Wenn Du Dich Deinem Bild widmest, kennt man Dich wahrscheinlich als eine „nette" Person, und das ist alles, was Du für Deine Mühe bekommst.

Gewöhnlich ist die größte Chance, mit der wir im Leben beschenkt werden, die Möglichkeit, zwischen gutem und schlechtem Handeln zu wählen. Das ist jedoch keine wirkliche Alternative. Das eine ist so **de-personalisierend** wie das andere. In den vorangehenden Kapiteln habe ich Dir die Möglichkeit aufgezeigt, einen Unterschied zu machen. Diese Möglichkeit existiert in einer anderen Wirklichkeit als die Möglichkeit, gut oder schlecht zu handeln.

Welche Auswirkung hat nun diese Art der Aufrichtigkeit auf unsere Beziehung zum anderen Geschlecht? Jede(r) von uns könnte einen großen Raum mit Menschen füllen, die einst in unserem Leben waren, uns absolut liebten, die alles für uns getan hätten, die aber jetzt nicht mehr in unserem Leben sind. Nicht nur, daß sie nicht mehr in unserem Leben sind; sie werden nicht zurückerwartet, würden nicht zurückkommen wollen, und wären nicht willkommen, wenn sie es doch täten. Was ist passiert?

Das ist passiert: Die Zeit war gekommen, in dieser Beziehung die Wahrheit zu sagen, eine Zeit, die Luft zu reinigen, authentisch, wirklich zu sein, Vertrauen wiederherzustellen – eine Zeit, die Wahrheit über Dein Erleben zu sagen. Diese Zeit kam, und ging wieder, und Du hast die Wahrheit nicht gesagt. In diesem Augenblick des passiven Lügens verschwand die Lebendigkeit aus dieser Beziehung, und stattdessen erschien eine Beziehung der Heuchelei.

Schließlich wurde die Heuchelei unerträglich, und die Menschen verließen einander, wahrscheinlich nach einer Periode mit einem heftigen Drama zur Rechtfertigung dieser Trennung, oder vielleicht seid ihr auch durch die Hintertür weggeschlichen.

Bevor Du das nächste Kapitel liest, schließe Deine Augen und schaffe einen leeren Raum. Dann bevölkere diesen Raum mit Menschen aus Deiner Vergangenheit, die Du durch aktives oder passives Lügen verloren hast. Hier ist Platz, um einige von ihnen aufzulisten:

1.

2.

3.

4.

5.

6.

Also, welchen Preis zahlen wir für Lügen, selbst für passives Lügen durch Schweigen, wenn es an der Zeit wäre, die Wahrheit zu sagen? Der Preis ist Liebe, Beziehung, und der Verlust der Fähigkeit, die Art von Unterschied im Leben zu machen, die Du am meisten möchtest. Die

Währung für diesen Preis sind menschliche Wesen. Du kannst den Preis an der Liste oben sehen. Warum würde jemand einen solchen Preis bezahlen wollen?

Die Antwort liegt in der Suche nach Behaglichkeit. Fast alle von uns haben sich vor langer Zeit um der Behaglichkeit willen selbst aufgegeben, und ordnen „Behaglichkeit zu haben und zu erhalten“ höher ein, als alles andere. Tatsache ist, daß es unbequem ist, die Wahrheit zu sagen, speziell, wenn die Wahrheit gesagt werden muß. Tatsächlich ist es um so unbequemer, die Wahrheit zu sagen, je mehr es erforderlich ist, sie zu sagen. Also schaffen wir ein Scheinbild, um unsere Behaglichkeit zu erhalten. Dann werden wir zu dem Scheinbild und schicken unser **Wesen** den Bach runter. Du kannst auf der Grundlage dieses Scheinbildes eine komplette **Persönlichkeit** konstruieren. Der Preis ist Liebe und Beziehung. Der Gewinn ist Bequemlichkeit und das Vermeiden von Unannehmlichkeiten. ■

Wachsamkeitsübung

1. Welche Konsequenzen hat zweckfreies Aufrichtig-sein und -handeln im Erleben?

2. Welche sechs konkreten Ergebnisse hat zweckfreies Aufrichtig-sein und -handeln ?

3. Was ist der Preis von Unaufrichtigkeit?

4. In welcher Währung wird der Preis für Unaufrichtigkeit gezahlt?

5. Was ist der Gewinn davon, weniger als völlig aufrichtig zu bleiben?

6. Wenn in einer Beziehung eine Lüge erzählt wird, wodurch wird dann Authentizität ersetzt?

7. Was brauchen Menschen üblicherweise, um einander zu verlassen?

Antworten Seite 266

ARBEITSBLATT

Zu Deiner Erinnerung hier eine Übersicht des Materials in diesem Buch:

Buch II: Aufrichtigkeit
1 Aufrichtigkeit
– Die Definition
2 Alle haben gesündigt
3 Sein
– Die Folgen von Aufrichtigkeit

Einsichten in mein eigenes Leben, die ich aus dem Lesen von Buch II gewonnen habe: (Wenn Du keine hast, mache Dir welche zurecht. Wie gedenkst Du überhaupt zu Einsichten zu gelangen?)

1.

2.

3.

4.

5.

Welche auf diesen Einsichten beruhende Handlungen plane ich, einschließlich des Zeitpunktes, zu dem jede einzelne vollendet sein wird:

1.

2.

3.

4.

5.

BUCH III

Die Reiche

Was wir die „Wirklichkeit" nennen, ist eine Funktion unserer Wahrnehmungen. Unsere Wahrnehmungen sind eine Funktion der Wahrnehmungsmethoden, die wir entwickelt haben. Wir sind unseren Wahrnehmungsmethoden zu nahe, um sie selbst objektiv beobachten zu können. So können wir nicht erkennen, wie wir unsere Wirklichkeiten konstruieren. Deshalb halten wir unsere je individuellen Wirklichkeiten für **die Wirklichkeit**.

Wir konstruieren Wirklichkeit als eine Funktion von Gegensätzen. Ein Bleistift existiert dank der Existenz des Restes des Universums, den wir „nicht-dieser-Bleistift" nennen könnten. Was wir „Liebe" nennen, existiert als Funktion unseres Nicht-Erlebens von Liebe. Mit anderen Worten: Wenn Du jemanden liebst, dann weißt Du, daß Du ihn oder sie liebst kraft all' der anderen Menschen, die Du **nicht** *liebst. Wenn Du sie alle liebtest, würdest Du es nicht Liebe nennen, weil Du weißt, daß Liebe „einzigartig" ist.*

Als menschliche Wesen wurde uns **das Reich der Gegensätze** *in die Wiege gelegt – dies ist unser Wahrnehmungsapparat. Gegenstände und Erfahrungen existieren nur als Funktion ihrer Gegenteile. Wenn Du nichts unternimmst, wirst Du Dich in diesem Reich wiederfinden. In diesem Reich ist Liebe, notwendigerweise, kostbar.*

BUCH III

DIE REICHE

Kapitel 1

Das verlorene Paradies

In eine *Welt der Gegensätze* hineingeboren

Zu Beginn des Lebens ist das Paradies ein Geschenk. Später muß es verdient werden.

Betrachte einen Augenblick lang das Gesicht eines Kindes ohne Hunger oder Schmerz. Was in unserem **Verstand** auftaucht, ist ein breites Lächeln oder ein glückliches Lachen. Für viele Jahre ist die grundlegende Erfahrung von Kindern Freude und Vergnügen. Diesen Zustand des Seins, den ich bei meinem drei Jahre alten Sohn sehen kann, nenne ich **absolute Freude**. Sogar während ich dies schreibe, quietscht er vor Vergnügen, während er durch unser Haus rast.

Mit **absoluter Freude** meine ich, daß er es nicht anders kennt. Mit anderen Worten: Für ihn gibt es, in der Abwesenheit von körperlichem Schmerz, kein Gegenteil zur Freude – alles ist ein Grund für Freude. Sogar, mir Verdruß vorzuschwindeln, um damit bei mir seinen Willen zu bekommen, ist ein Anlaß zum Feiern. Die natürliche Aktivität eines Kindes ist Spiel, und in diesem Spiel ist ein andauernder Ausdruck von Freude.

An irgendeinem Punkt auf dem Wege zum Erwachsensein und zur „Klugheit" werden Kinder „reif" und beginnen, „angemessen" zu handeln. Sie entdecken, daß es etwas zur Freude Entgegengesetztes gibt: Trauer, Wut, vielleicht viele Gegenteile, alle entworfen zur Manipulation Anderer. Zu diesen „Anderen" gehört auch das eigene **Wesen**, das als Fremder im eigenen Innern erlebt wird.

Schau, unsere Welt ist eine Welt von Gegensätzen. Ohne Begleitung hat das **Reich des Absoluten** hier nur geringe Überlebenschance. Erinnerst Du Dich an die Geschichte von Adam und Eva, den Garten Eden und den Baum der Erkenntnis? Sieh' Dich jetzt um. Dies hier – **die Welt** – ist der Baum der Erkenntnis, der Baum des Urteilens – oder in der Terminologie dieser Bücher: das **Reich der Gegensätze**. Dieser Baum, dessen Früchte nicht zu essen wir Gott versprochen hatten, ist so riesig, daß Du nichts anderes mehr sehen kannst, wenn Du in ihm bist. Er scheint alles zu sein.

So existieren wir also im **Reich der Gegensätze**, das wir schlicht **die Welt** nennen werden. Das ist die Folge davon, daß wir das **Reich des Absoluten** (das **Paradies**) verwerfen.

In **der Welt** existierend, verwerfen wir die Idee, daß Liebe und Freude absolut sein könnten – ohne Gegenteil. Wenn wir Liebe oder Freude erleben, wissen wir also einfach, daß wir dafür mit dem Erleben auch des Gegenteils werden bezahlen müssen; wir wissen, daß wir unsere „Gebühr bezahlen" müssen.

Und weil wir das wisen, müssen wir tatsächlich bezahlen. Wir „wissen", daß es im Leben Hoch und Tief gibt; wir wissen, daß es nicht Hoch und Hoch gibt. Wir sind uns dessen so sicher, weil der Mechanismus, mit dem wir Leben wahrnehmen, Hoch und Tief braucht. In diesem Mechanismus braucht das „Hoch" für seine Existenz das „Tief".

Ich will damit sagen: Wir wissen so genau um die Notwendigkeit, unsere Gebühren bezahlen zu müssen, daß wir kaum einmal innehalten und wachsam genug sind für den bewußten Gedanken „Ich werde meine Gebühren bezahlen müssen". Stattdessen denken wir den gesamten Rest unserer Gedanken aus dieser sicheren Gewißheit heraus. Mit anderen Worten, wir denken es nicht länger, sondern wir sind es – es ist ein Stück des **Selbst**. Wir denken und handeln in Übereinstimmung mit der unbewußten Annahme, daß wir werden bezahlen müssen.

Die Existenz im **Reich der Gegensätze** schränkt uns also in vielerlei Hinsicht ein, nicht zuletzt in der Erfahrung, Menschen des anderen Geschlechts zu lieben, und von ihnen geliebt zu werden. Wir halten Liebe für selten. Wir behandeln sie, als ob sie niemals wiederkäme, als ob sie niemals zuvor wirklich dagewesen sei, als sei Liebe in der Welt überhaupt knapp, und als sei die Liebe knapp, die Menschen des anderen Geschlechts für uns haben könnten.

Wenn Du im Baum des Urteilens existierst, in der Welt von Gut und Böse, im **Reich der Gegensätze**, dann mußt Du unvermeidlich das Böse mit dem Guten nehmen – nicht natürlich, aber unvermeidlich. Nach jedem Hoch kommt ein Tief. Das weiß doch jeder. Wir denken das nicht; eher geht unser Denken davon aus. Weil das so ist, war es für Isaac Newton ein großer Durchbruch, in einem fallenden Apfel die Wirkung der Schwerkraft zu erkennen. Fallen ist so sehr der Ausgangspunkt unserer Gedanken, daß es eines Genies bedurfte, es zu bemerken und ihm einen Namen zu geben.

Das Paradies ist so verloren, daß wir seine Existenz nicht mehr bemerken. **Die Welt, das Reich der Gegensätze**, scheint alles zu sein. ■

Wachsamkeitsübung

1. Was ist mit dem Wort „absolut“ gemeint, wie wir es hier verwenden?

2. Was ist **absolute Freude**?

3. Was ist im **Reich der Gegensätze** unvermeidlich?

4. Wie heißt das biblische Äquivalent zum **Reich des Absoluten**?

5. Wie heißt das biblische Äquivalent zum **Reich der Gegensätze**?

Antworten Seite 266

Kapitel 2

Das wiedergewonnene Paradies

Das *Reich des Absoluten*

Die Schritte zur Wiedergewinnung des Paradieses sind klar, und man kann ihnen leicht folgen. Sie setzen aber etwas voraus, was die meisten von uns nicht geben wollen: Ein Leben nach einem heiligen Gelöbnis.

Gibt es einen Ausweg aus dem Baum des Urteilens, dem **Reich der Gegensätze**? Ja, und der Weg ist schon seit langem bekannt. Eben weil wir im **Reich der Gegensätze** existieren, entzieht er sich unserer Aufmerksamkeit. Hier ist er, in eleganter Einfachheit:

Schritt 1: Wähle einen Lebensbereich, den Du zu transformieren beabsichtigst.
Beispiel: Liebe.

Schritt 2: Gib ein Gelöbnis, welches das Wort „absolut" (in der Bedeutung von „ohne Gegensätze") vor dem Lebensbereich enthält, den Du transformieren willst. Verwende die folgende Satzstruktur: „Ich gelobe, daß ich alle Ereignisse in meinem Leben als Offenbarung absolute

erleben werde. (Namen des Lebensbereichs eintragen, den Du transformieren willst.)
Beispiel: „Ich gelobe, daß ich alle Ereignisse in meinem Leben als Ausdruck absoluter Liebe erleben werde."

Schritt 3: Erschaffe Deinen Entschluß so, daß die Erfüllung dieses Gelöbnisses für Dich wertvoller ist als das Leben selbst. Mit anderen Worten: Obwohl Du normalerweise ein freudvolles Leben wirst leben müssen, um Dein Gelöbnis einzulösen, würdest Du für die Erfüllung Deines Gelöbnisses auch Dein Leben aufgeben.

Schritt 4: Setze Dein Gelöbnis, und Deinen Entschluß, dafür zu leben oder zu sterben, in einen zeitlichen Bezug, indem Du diese Worte hinzufügst: „für den Rest meines Lebens".
Beispiel: „Ich gelobe, daß ich für den Rest meines Lebens alle Ereignisse in meinem Leben als Ausdruck absoluter Liebe erleben werde."

Damit dieses Gelöbnis in Deinem Leben etwas verändert, ist es natürlich erforderlich, daß Deine Gelöbnisse Dir etwas bedeuten. Die meisten von uns denken, daß ein Gelöbnis jederzeit geändert oder neu verhandelt werden kann. Wenn Du das denkst, dann sprechen Du und ich nicht dieselbe Sprache.

Also liest sich neuformuliert die gesamte Erklärung so: „Ich gelobe, daß ich für den Rest meines Lebens alle Ereignisse in meinem Leben als Ausdruck absoluter Liebe erleben werde. Für dieses Gelöbnis werde ich mit meinem Leben einstehen, solange ich lebe."

Wenn Du nicht leichtfertig eingestellt bist, während Du dies hier liest, dann wirst Du bei dieser Aussage anhalten. Sie scheint nicht der leichte Ausweg zu sein, denn es verlangt Mut und Willen, selber der Ursprung Deines Lebens zu werden und Dein Leben so werden zu lassen, wie Du sagst, daß Du es haben willst. Diese Aussage wird Deine Gefühle über die Dinge bestimmen, und jene geringfügigen Ereignisse, die Dein Leben in's Schwanken bringen, werden klein und unwichtig erscheinen.

Tatsächlich wird diese Aussage alle diese Ereignisse neu organisieren, und zwar nicht nur in der Gegenwart, sondern auch in der Vergangenheit und in der Zukunft. Mit anderen Worten: Sie wirkt nicht nur jetzt, sondern sie wird auch in der Zukunft wirken. Noch bemerkenswerter: Sie wird Deine Auffassung und Dein Erleben bereits geschehener Ereignisse verändern.

Gut, das scheint nicht der leichte Ausweg zu sein, aber bedenke dies: „Der Weg zur Hölle ist breit, und viele finden ihn. Der Weg zum himmlischen Reich ist schmal, und wenige finden ihn." Was meinte Christus hier? Das **Reich der Gegensätze** ist nicht schwer zu finden, tatsächlich scheint es alles zu sein, was es gibt. Das **Reich des Absoluten** existiert nicht, bevor Du es bewußt erschaffst. Es ist also ein schmaler Pfad, nur selten überhaupt bemerkt – tatsächlich ist er nicht da, bis Du ihn erschaffst.

Bei verschiedenen Gelegenheiten sagte Christus seinen Freunden, daß der Himmel mit ihnen sei. Einem sagte er, daß er „dem Himmel nah" sei. Könnte er damit gemeint haben, daß das **Reich des Absoluten** so leicht verfügbar sei wie ein Schluck Wasser, jedenfalls für diejenigen, die wie kleine Kinder im Glauben kommen, ohne die Arroganz, schon alles zu wissen?

Wenn ich dies sage, dann soll das keineswegs bedeuten, Christus habe etwa ausschließlich diese Wirklichkeit gemeint, und es gäbe keine parallele Wirklichkeit nach dem Tode. Ich will einfach auf die Frage weisen: „Gibt es ein Leben vor dem Tode?".

In dieser Wirklichkeit gilt: Wenn ein von den Umständen bestimmtes Leben nicht die Hölle ist, dann gibt es keine Hölle. Wenn ein vom **Wesen** bestimmtes Leben nicht der Himmel ist, dann gibt es keinen Himmel. Ich will damit sagen, daß diese beiden Reiche hier und jetzt verfügbar sind – nicht nur verfügbar, sondern falls Du das eine nicht erschaffst, bekommst Du als Standard das andere.

Dies wirkt in der Liebe und in allen anderen Bereichen. Wenn Du so handelst und bist, dann wirkt es. Ich versichere Dir: Wenn Du es versuchst, und es wirkt nicht, dann hast Du einen Schritt ausgelassen. ■

Wachsamkeitsübung

1. Gibt es einen Weg aus dem **Reich der Gegensätze**?

2. Was mußt Du geben, um das **Reich des Absoluten** erschaffen zu können?

3. Wie lange muß das andauern?

4. Wirkt das für die Vergangenheit, die Gegenwart oder die Zukunft?

Antworten Seite 266

Kapitel 3

Wiederherstellen der Wirklichkeit

Wenn Du irgendwie „hinter“ Deine Wahrnehmungen kommen könntest, und Deinen Wahrnehmungsapparat selbst sehen, dann könntest Du ihn entwerfen, verändern, und erschaffen, in Übereinstimmung mit dem Versprechen des **Wesens** *für Dein Leben. Auf diese Weise könntest Du die Welt um Dich herum neu erschaffen.*

Wenn Du beim Lesen des vorigen Kapitels aufmerksam warst, dann wirst Du bemerkt haben, daß ich über die Art und Weise schreibe, wie Wirklichkeit geschaffen wird. Du wirst wahrhaftig niemals die **Wirklichkeit** selbst kennen, sondern immer nur eine Annäherung an die **Wirklichkeit**, darauf beruhend, wie Du das Material einordnest, das Du mittels Deiner Sinne aufnimmst.

Für die meisten von uns ist das eine große Neuigkeit, da wir denken, unsere Ordnung des wahrgenommenen Materials sei die **Wirklichkeit**. Ist sie nicht. Sie ist nur eine Annäherung – eine grobe, unscharfe Annäherung. Du hast nicht mehr als die wahrgenommene Anregung Deiner Netzhaut, das Fühlen von Bewegung, wahrgenommene Schwingungen Deiner Trommelfelle, das Fühlen von Berührung, Gleichgewicht und heiß / kalt. Es ist unglaublich arrogant, Deine Interpretation von all' dem für die **Wirklichkeit** zu halten.

Ein dichter Schleier wurde zwischen Dich und die **Wirklichkeit** gehängt. Das beste, was Du tun kannst, ist Theorien zu konstruieren, die erklären, was auf der anderen Seite des Schleiers sein könnte. Deine Theorien beruhen nicht auf dem tatsächlichen Material, das zu Dir durchdringt. Sie beruhen völlig auf den Kontexten, die Du geschaffen hast, um dieses Material zu ordnen und verständlich zu machen.

Als erste Aufgabe bei der Interpretation des Materials, das wir für die **Wirklichkeit** halten, sind Modelle zu konstruieren, in die das durch den Schleier dringende Material hineinpaßt. Beispielsweise gibt es eine Reihe von Gegenständen, die Du als „Stuhl“ erkennen würdest. Einige von denen unterscheiden sich erheblich von anderen Gegenständen, die Du auch als „Stuhl“ erkennen würdest. Jedes Ding mit einer niedrigen, horizontalen Fläche, das stabil genug ist, eine Person zu tragen, paßt grob in den **Kontext** für „Stuhl“, den wir „Stuhl-heit“ nennen können.

Du hast tausende solcher Kontexte, um Deine sinnlichen Eindrücke zu ordnen. Der **Kontext** “Stuhl-heit“ eignet sich vortrefflich als Demonstrationsbeispiel dafür. Wenn Du ein Ding siehst, das Du für einen Stuhl hältst, dann hältst Du es nur deswegen für einen Stuhl, weil es in Deinen **Kontext** der „Stuhl-heit“ hineinpaßt.

Es gibt Menschen auf der Welt, beispielsweise die Buschmänner in Afrika, die diesen Kontext nicht haben. Wenn Du denen etwas anbietest, das Du einen hölzernen Stuhl nennst, dann würden sie „Feuerholz“ denken und ihn verbrennen, weil er in ihren **Kontext** namens „Feuerholz-heit“ hineinpaßt.

Wenn ich also sage, daß Liebe absolut ist, dann spreche ich aus dem **Kontext**, den ich geschaffen habe, und den ich die „Absolut-heit“ der Liebe nenne. Ich will dir nicht erzählen, daß Liebe tatsächlich absolut, ohne Gegensätze, ist, obwohl Gegensätze nur eine Illusion sind. Ich will Dir nur erzählen, daß in der von mir konstruierten Wirklichkeit Liebe kein Gegenteil hat.

Genau so, wie Du bestimmte Dinge als Stühle erkennst, erkenne ich alle menschlichen Äußerungen als aus der Liebe kommend. Das ist genau so wenig die **Wirklichkeit**, wie das Ding, auf dem Du sitzt, in der **Wirklichkeit** ein Stuhl ist. Nichtsdestoweniger funktioniert es als eine Wirklichkeit, und das führt zu bestimmten Konsequenzen.

Du magst jetzt fragen „Warum siehst Du die Liebe nicht einfach so, wie sie ist?“. Das tue ich nicht, weil es kein „so, wie sie ist“ gibt. Es scheint Dir nur, daß es ein „wie sie ist“ gibt, weil Du Deine eigene Konstruktion von Liebe hast, wahrscheinlich in einem **Kontext von Gegensätzen**, und davon überzeugt bist, Deine Konstruktion der Wirklichkeit sei **die Wirklichkeit**.

Wie dem auch sei, wenn Du Dir selber das Versprechen gibst, daß Liebe absolut ist, dann wird offensichtlich, daß Liebe absolut ist. So offensichtlich, wie das Ding, auf dem Du sitzt, offensichtlich ein Stuhl ist.

Die wirkliche Frage ist: „Wie beabsichtigst Du Deine Wirklichkeit, wie soll sie sein?“. Beabsichtigst Du sie so, wie sie bereits für Generationen von Menschen vor Dir war – um einfach zu nehmen, was Du bekommst – , oder willst Du schöpferisch sein und sie nach Deinen Wünschen formen? Willst Du ein passiver Empfänger sein, ein Opfer der Vergangenheit sozusagen, oder ein schöpferischer Autor der Vergangenheit, Gegenwart und Zukunft?

Wenn Du Dir unter Benutzung der vier Schritte aus Kapitel 2, also durch Schaffung des **Kontextes der absoluten Liebe**, selber das Versprechen gibst, daß Liebe absolut ist, dann wirst Du deutlich erleben, daß Du die **Wirklichkeit** in Bezug auf Liebe sowohl wiedergewonnen, als auch neu erschaffen hast. Und das wird in Deiner Beziehung zum anderen Geschlecht einen außergewöhnlich großen Ausdruck finden.

Hüte Dich vor der Arroganz, zu behaupten, Du hättest diesen Kontext schon. Wenn Du ihn nicht so bewußt geschaffen hast, wie nach den Schritten in Kapitel 2 dieses Abschnitts, dann hast Du ihn nicht. Dann ist Dein Gedanke, daß Du diesen Kontext schon hättest, einmal mehr Dein Besser- und Klüger-sein. Das wird Dich genau so weit bringen, wie bisher immer schon.

Wenn Du wirklich in der Vergangenheit schon einen solchen Kontext geschaffen hattest, dann mußt Du ihn von Augenblick zu Augenblick neu schaffen, oder er verschwindet. Wenn Du Dir sagst „Ich kannte das Zeug schon, ich habe einen **Kontext der absoluten Liebe**“: prima, dann kannst Du diese Informationen nutzen, um ihn in jedem Augenblick wiederzuerschaffen. ■

Wachsamkeitsübung

1. Ist Deine Ordnung des Materials, das Du mittels Deiner Sinne sammelst, tatsächlich die **Wirklichkeit** selbst?

2. Lebst Du Dein Leben so, als ob das *die* Wirklichkeit selbst sei?

3. Wodurch können wir das Material interpretieren, das wir mit unseren Sinnen sammeln?

4. Warum siehst Du die Wirklichkeit nicht einfach so, wie sie tatsächlich ist?

5. Was ist **absolute Liebe**?

6. Wie erschafft man den **Kontext der absoluten Liebe**?

Antworten Seite 266

ARBEITSBLATT

Zu Deiner Erinnerung hier eine Übersicht des Materials in diesem Buch:

Buch III: Die Reiche
1 Das verlorene Paradies
– In eine Welt der Gegensätze hineingeboren
2 Das wiedergewonnene Paradies
– Das Reich des Absoluten
3 Wiederherstellen der Wirklichkeit

Einsichten in mein eigenes Leben, die ich aus dem Lesen von Buch III gewonnen habe:

1.

2.

3.

4.

5.

Welche auf diesen Einsichten beruhende Handlungen plane ich, einschließlich des Zeitpunktes, zu dem jede einzelne vollendet sein wird:

1.

2.

3.

4.

5.

BUCH IV

MUTTER

Des Einzelnen Beziehung zu allen Frauen

Deine Beziehung zu allen Frauen ist festgelegt durch Deine Beziehung zu Deiner ersten Ernährerin in Deinen frühen Jahren. Für unsere Diskussion wird das Wort **„Mutter"** *diese Beziehung repräsentieren.*

BUCH IV

MUTTER – DES EINZELNEN BEZIEHUNG ZU ALLEN FRAUEN

1 Die ersten Anfänge
2 Der Zweck der Eltern
3 Die Liste
– Was ist eine Frau?
4 Die Liste werden
– die Definition sein
5 Der Rückzieher
– Mutter die Anerkennung entziehen, und die Folgen
6 Ein System, das seinen Schöpfer ausschließt
7 Wiederherstellen der Beziehung zur Mutter
– Wer Mutter ist, und wer nicht
8 Anerkennung für Mutter
Arbeitsblatt

Kapitel 1

Die ersten Anfänge

Die Intelligenz menschlicher Wesen ist eine Folge der Gabe, Kontexte zu schaffen, in die Informationen hineinpassen. Unser aller Leben und unsere Zivilisation beruhen auf dieser einzigartigen Fähigkeit. Einer der frühesten von uns geschaffenen Kontexte dient der Unterteilung menschlicher Wesen in zwei verschiedene Sorten – die grundlegende Unterscheidung: Mann / Frau.

Das Lernen beginnt, sobald sich im wachsenden Fötus die ersten Ansätze sinnlicher Wahrnehmungen bilden. Zum Zeitpunkt der Geburt sind diese sinnlichen Fähigkeiten schon ziemlich ausgefeilt. Diese Sinne sind: Sehen, Hören, Geschmack, Berührung, Geruch, Gleichgewicht und Temperatur.

Die Aufgabe ist nun, aus dem mit den Sinnen gesammelten Material das Leben und das Universum auf eine Weise verständlich zu machen, die das Überleben sichert. Das erreichen wir dadurch, daß wir Kontexte schaffen und diese mit tragfähigen, also veränderbaren, Vorstellungen füllen.

Der Kontext „Stuhl-heit", über den wir weiter oben schon gesprochen haben, ordnet die sichtbaren und fühlbaren Daten, die von bestimmten Objekten ausgehen. Diese Ordnung erlaubt Dir, diese Objekte als „Stühle" zu bezeichnen und sie für den Zweck zu benutzen, für den sie entworfen wurden.

Bald nach der Geburt wird dem neugeborenen Kind deutlich, daß einige Objekte in seiner Umgebung sich anscheinend aus eigenem Entschluß bewegen, während andere Objekte sich nur bewegen, wenn sie von diesen sich selbständig bewegenden Objekten dazu veranlaßt werden.

Bald bemerkt ein Kind, daß einige der sich selbständig bewegenden Objekte ihm ihre besondere Aufmerksamkeit zuwenden. Es verbindet diese Objekte mit erfreulichen Erfahrungen, wie beispielsweise die Befreiung von Hunger oder Schmerz.

Aus dem Blickwinkel des Überlebens gesehen, ist es für das Kind vorteilhaft, einen Kontext namens „menschliche Wesen-heit" zu schaffen, in den diese Freudenspendenden, Schmerzen-nehmenden, anscheinend selbstbewegenden Objekte hineinpassen. Kinder, die keinen solchen Kontext schaffen, sind schwer behindert. Wir nennen sie „autistisch".

Einige Wochen oder Monate später bemerkt das Kind einen grundlegenden Unterschied zwischen zwei verschiedenen Sorten menschlicher Wesen, die beide in den Kontext „menschliche Wesen-heit" passen.

So entsteht ein ungenau definierter Kontext namens „Mann-heit", und ein anderer namens „Frau-heit". Die nächsten paar Jahre der Kindheit sehen intensive Aktivität – Fragen und Forschen – zur Verfeinerung dieser beiden Kontexte. Die Verfeinerung beginnt mit der Pubertät von neuem.

Jetzt ist dieses Kind / diese(r) Heranwachsende erwachsen – Du. Wenn Du ein menschliches Wesen siehst, dann sind die beiden Kontexte „Mann-heit" und „Frau-heit" so fein, daß Du Dich nicht bewußt fragen mußt „Ist diese Person vor mir ein Mann oder eine Frau?". Deine Kontexte ordnen einfach die sichtbaren Daten, und Du handelst dementsprechend, ohne darüber nachdenken zu müssen.

Kürzlich habe ich mir zusammen mit meinem dreijährigen Sohn Houston den Film „Yentl" angesehen. In dem Film spielt Barbara Streisand eine als Mann verkleidete Frau, die das Leben eines Mannes führt. Auf den ersten Blick sagte Houston: „Das ist eine Frau!". Danach wirkte es lächerlich, daß die anderen Figuren in dem Film sie nicht als Frau erkannten. Schon kleine Kinder sind in der Unterscheidung Mann / Frau ziemlich gewandt. ■

Wachsamkeitsübung

1. Aus welcher Fähigkeit hat sich die Intelligenz menschlicher Wesen entwickelt?

2. Wann beginnt das Lernen?

3. Was ermöglicht uns, Menschen vom Rest der Umgebung zu unterschieden?

4. In welche beiden Kontexte ist der Kontext „menschliche Wesen-heit“ untergliedert?

Antworten Seite 267

Kapitel 2

Der Zweck der Eltern

Die meisten von uns haben nie auf die Reihe bekommen, wozu Eltern denn nun eigentlich da sind. Wir dachten, ***Vater*** *und* ***Mutter*** *hätten einen* ***Persönlichkeits-Wettbewerb*** *bei uns zu gewinnen. Desweiteren haben einige von uns niemals so recht herausgefunden, welche Menschen unsere wahren Eltern waren. Nun, eins nach dem anderen.*

Du hast vielleicht nach dem vorigen Kapitel schon vermutet, daß wir in Deine Beziehung zu Deinen Eltern tief einsteigen werden. Bevor wir mit der Erörterung fortfahren, laß' uns innehalten und schauen, wohin wir gehen, und warum.

Deine Beziehung zu Deinen Eltern hat mit Deiner Beziehung zu allen anderen Menschen in Deinem Leben alles zu tun. Diese Erscheinung teilt sich längs der Mann / Frau-Linie, so daß Deine Beziehung zu Deiner **Mutter** alles zu tun hat mit Deiner Beziehung zu Frauen, und Deine Beziehung zu Deinem **Vater** alles mit Deiner Beziehung zu Männern.

Wenn diese Annahmen korrekt sind, und wenn Dein Ziel ist, eine Transformation Deiner Beziehung zu Männern und Frauen zu bewirken, dann wird es entscheidend wichtig, Deine Beziehung zu Deinen Eltern zu untersuchen.

Wir benutzen hier **„Mutter"** als Schlüsselwort mit der Bedeutung „Deine Beziehung zu allen Frauen", und **„Vater"** entsprechend für „Deine Beziehung zu allen Männern". Deine Beziehungen zu Männern und Frauen sind keine Gegenstände, d.h. sie existieren nicht in der physischen Wirklichkeit, wie hingegen der Stuhl existiert, auf dem Du gerade sitzt. Deshalb ist es nützlich, ihnen eine gegenständliche Form zu geben. **Mutter** und **Vater** verkörpern diese Beziehungen.

Wenn Du fehldeutest, wer Deine **Mutter** und Dein **Vater** sind, also wenn Du jemand anderen als **Mutter** oder **Vater** identifizierst, werden die Ergebnisse unterschiedlich sein. Das ist nicht so selten, wie Du vielleicht denkst. Lies also aufmerksam weiter.

Hier ist die Definition von **Mutter**:

Diejenige weibliche Person, die für Deine Grundbedürfnisse zum Überleben gesorgt hat, bevor Du selber für diese Bedürfnisse sorgen konntest. Das war vielleicht die Person, die Dich geboren hat, vielleicht auch nicht. Vielleicht war es mehr als eine Person. Schreibe den (die) Namen Deiner **Mutter** (**Mütter**) hier nieder:

Hier ist die Definition von **Vater**:

Diejenige männliche Person, die für Deine Grundbedürfnisse zum Überleben gesorgt hat, bevor Du selber für diese Bedürfnisse sorgen konntest. Das war vielleicht Dein leiblicher **Vater**, vielleicht auch nicht. Vielleicht war es mehr als eine Person. Schreibe den (die) Namen Deines **Vaters** (Deiner **Väter**) hier nieder:

Diese Definitionen enthalten den Zweck, für den Eltern existieren: Kindern beim Überleben zu helfen, bis diese aus sich selbst heraus überleben können.

Wie dem auch sei, Du hattest entschieden, daß Deine Eltern dazu gedacht seien, Dich glücklich und erfolgreich zu machen und einen **Persönlichkeits-Wettbewerb** bei Dir zu gewinnen. In dieser falschen Auffassung wurde Deine Beziehung zu Männern und zu Frauen fehlgeleitet. ■

Wachsamkeitsübung

1. Was ist der wahre Zweck von Eltern?

2. Was machen wir uns vor, was der Zweck von Eltern sei?

3. Warum ist die Untersuchung Deiner Beziehung zu Deinen Eltern wichtig?

4. Wer sind Deine Eltern?

Antworten Seite 267

Kapitel 3

Die Liste

Was ist eine Frau?

Genau wie Du Dir einen Kontext zur Aufnahme von Stühlen zurechtgelegt hast, hast Du Dir auch einen Kontext zur Aufnahme von Frauen zurechtgelegt. Kein Problem, soweit.

Die Bildung eines Kontextes beginnt, wenn wir einfache Fragen stellen können, die mit „Was ist…“ anfangen. In diesem Falle lautet die Frage: „Was ist eine Frau?“. Sobald die Frage erscheinen kann, tauchen die Antworten dazu auf. Du hast also eine Liste von Antworten zusammengestellt auf die Frage „Was ist eine Frau?“. Du hast Deine Liste aus Deinem Erleben Deiner Beziehung zu Deiner **Mutter** abgeleitet.

Beachte, daß ich von Deinem *Erleben* dieser Beziehung sprach, nicht von der Beziehung selbst. Die Beziehung selbst existierte und existiert in der physikalischen Wirklichkeit nicht. Was für Dich als Wahrheit existiert, ist Dein Erleben Deiner **Mutter.** Dein Erleben Deiner **Mutter** hast Du selber geschaffen. Von diesem Erleben aus hast Du Deine Version des Kontextes „Frau-heit“ geschaffen.

Diese Liste von Antworten auf die Frage „Was ist eine Frau?“ hat eine endliche Länge. Sie definiert physische Merkmale, emotionale und geistige Merkmale, Charakterzüge der **Persönlichkeit**, die Neigung zu bestimmten Verhaltensmustern, usw. Sie enthält Deine Annahme, daß Frauen Dich glücklich und erfolgreich machen und einen **Persönlichkeits-Wettbewerb** bei Dir gewinnen müssen. Und schließlich ist diese Liste auch noch unterhalb Deines Bewußtseins vergraben.

Wenn Du jetzt also etwas siehst, das eine Frau sein

könnte, dann befragst Du, ohne es zu wissen, Deine Liste, ob das zutrifft oder nicht. Bevor Du darüber nachdenken kannst, hast Du Dich schon entschieden, und handelst entsprechend.

Soweit kein Problem. ■

Wachsamkeitsübung

1. Welche Fähigkeit ist Voraussetzung für die Bildung eines Kontextes?

2. Woraus haben wir unsere Liste mit Antworten auf die Frage „Was ist eine Frau?“ abgeleitet?

3. Was geschieht mit Deiner Liste?

Antworten Seite 267

Kapitel 4

Die Liste werden

Die Definition sein

Eine Liste zu haben, ist kein Problem. Nicht wissen, daß Du eine Liste hast; zu der Liste werden und ihre Richtigkeit beweisen – das ist ein Problem.

Eine Liste zu haben, ist kein Problem. In dem Maße, wie Du weißt, daß Deine Liste willkürlich ist, und in dem Maße, wie Du den Inhalt Deiner Liste kennst, bist Du gut in Form.

Das trifft aber für fast niemanden zu, weil:

1. wir denken, daß unsere Liste stimmt, und
2. wir vergessen, daß wir eine Liste haben.

Wir werden also die eigene Liste. Anders ausgedrückt: Wir nehmen den Standpunkt ein, daß Frauen das seien, was auch immer die eigene Liste darüber sagt. Sie wird als erwiesen angenommen und genausowenig näher untersucht wie die sichere Gewißheit, daß „nach jedem Hoch ein Tief" kommt.

Wenn Du unbewußt einen Standpunkt einnimmst, dann bist Du Dir seiner nicht mehr gewahr – er verschwindet. Folglich kannst Du über Deinen Standpunkt nicht mehr nachdenken, sondern Du kannst nur noch Dein Standpunkt sein. Demnach bist Du – also Dein **Selbst** – in Beziehung zu Frauen Deine Liste. Das Problem ist, daß Du das nicht weißt. Anstatt zu wissen, daß Du eine Liste über die Frauen hast, weißt Du schlicht, daß Frauen so und so sind – was auch immer Deine Liste über sie behauptet.

Man denkt direkt von dem, wer man ist, vom **Selbst**. Aber das **Selbst** denkt nicht über sich selber. Es denkt nur über das, was außerhalb seiner selbst liegt. Wenn die Liste verinnerlicht ist, verschwindet sie aus der Bewußtheit und ist für eine Überprüfung nicht mehr zugänglich.

Durch willkürliches Denken erschafft das **Wesen** das **Selbst**. Das **Selbst** ist die Summe aller Standpunkte, die das **Wesen** über das Leben einnimmt. „Dein **Selbst** nicht kennen" heißt: sich nicht mit der Untersuchung Deiner Standpunkte (über das Leben und die Natur der Wirklichkeit) abzuplagen. Mit anderen Worten heißt „Dein **Selbst** nicht kennen", in diesem Sinne unbewußt zu sein: Dein Standpunkt ist, daß Deine Auslegung der Wirklichkeit tatsächlich die **Wirklichkeit** selbst sei.

Nehmen wir an, Du bist ein Mann. Du bist jetzt Deine Liste über Frauen, und Du triffst eine neue Frau, deren Natur bereits ein Widerspruch zu Deiner Liste zu sein scheint. Du denkst nicht „Aha! Hier ist ein Widerspruch zu meiner Liste", weil Du, da Du Deine Liste bist, gar nicht weißt, daß Du eine Liste hast. Stattdessen denkst Du „Hier ist eine anziehende, mysteriöse weibliche **Person**. Ich muß das untersuchen.". Dies ist also eine Frau, mit der Zeit zu verbringen Du Dich gezwungen fühlst. Anders ausgedrückt: Du bist fasziniert.

Abhängig davon, was Du denkst, was Liebe ist, glaubst Du vielleicht sogar, verliebt zu sein. Du hast Glück, daß sie nichts dagegen hat, Zeit mit Dir zu verbringen, und jetzt bist Du sicher, verliebt zu sein. Eins führt zum anderen, ein paar Jahre sind vergangen, und heute bist Du verheiratet und die Kinder kommen.

Während dieser paar Jahre merkst Du, daß sie sich geändert hat. Sie ist nicht mehr so mysteriös und anziehend, wie Du anfänglich dachtest. Tatsächlich bist Du sicher, daß Sie nicht die ist, für die Du sie gehalten hast, als alles begann.

Dann bemerkst Du sie eines Abends während einer Feier quer durch den ganzen Raum. Sie ist schön und mysteriös, und Du denkst bei Dir „Sie hat sich überhaupt nicht verändert!". Du bemerkst, daß sie die anderen Gäste genau so unterhält, wie sie Dich unterhielt, als Du sie zum ersten mal getroffen hast. Am gleichen Abend zuhause, nach der Feier, verwandelt sie sich wieder in die Frau zurück, die Du nur zu gut kennst, von einem qualvollen Tag zum nächsten.

Schließlich stellst Du sie zur Rede und fragst sie, warum sie zwei **Persönlichkeiten** hat, eine für Dich und eine für alle anderen. Dabei übersiehst Du, daß sie die letzte **Person** wäre, die weiß, was geschehen ist.

Folgendes ist geschehen. Auch wenn Du es nicht wußtest, sie hat Dich anfänglich angezogen, weil sie nicht zu Deiner Liste „Was ist eine Frau" paßte. Sie war anders.

Die Wahrheit über Deine Liste: Was Dir jetzt Verdruß macht, ist das, was aus Deiner Beziehung zu Deiner **Mutter** übriggeblieben ist an Eigenschaften, die zu akzeptieren Du Dich geweigert hast. Das sind jene Merkmale Deiner **Mutter**, die für Dich nie in Ordnung waren, die Deine **Mutter** nach Deinem Wunsche an sich selbst hätte ändern sollen.

Als Du Deiner zukünftigen Frau begegnetest, hattest Du einen Auftrag, den Du nicht kanntest, jedenfalls nicht bewußt. Dieser Auftrag war, die Richtigkeit des negativen, nicht abgesegneten Teils Deiner Liste zu beweisen. So bist Du an die Arbeit gegangen.

Jedesmal, wenn Deine neue Partnerin auf eine Weise handelte, die Deiner Negativliste widersprach, dann hast Du sie irgendwie bestraft. Jedesmal, wenn sie gemäß Deiner Liste handelte, hast Du sie irgendwie belohnt. Nicht daß Du das gemerkt hättest – das hast Du nicht.

Nach einigen Jahren dieses unbemerkten Programms zur Verhaltensänderung erschien Deine Frau allmählich mit einer neuen **Persönlichkeit** speziell für Dich. Nicht wissend, daß Du das selber verursacht hattest, gabst Du ihr die Schuld.

Warum solltest Du Dich selbst so übel 'reinlegen wollen?

Der hier behauptete Mechanismus kann viele der Erscheinungen erklären, die wir im Verlaufe einer Mann/Frau Beziehung sehen. Deshalb ist es das, bis Du mit etwas besserem kommst. Und wenn dieser Mechanismus wirklich so ist, wirft das die Frage auf: „Sind menschliche Wesen verrückt?".

Die Antwort ist „na klar!". Der Zweck des **Wesens** ist auf dem Felde der Beziehungen, sie zu vervollständigen und ganz zu machen. Dieser Zweck gewinnt die Oberhand über das Bedürfnis des **Verstandes**, Schmerz, Mißvergnügen und Leiden zu vermeiden. Erinnere Dich daran, daß das **Selbst** der Standpunkt des **Wesens** über das Leben ist. Deshalb wird das **Selbst** in den Dienst gezwungen, und die **Persönlichkeit** ist sein Diener. Sache des **Verstandes** ist es, zu protestieren und zu leiden.

Wenn Du versäumt hast, bestimmten Merkmalen in Deiner Mutter Deinen Segen zu geben, dann begegnest Du diesen Merkmalen in Deiner Frau wieder: als eine weitere Gelegenheit, diese Punkte in Deiner Beziehung zu Frauen zu vollenden.

Zweck des **Wesens** für das Leben ist, es zu akzeptieren und ihm zu erlauben, so zu sein, wie es ist. Diese Tatsache wird Dein Leben ordnen und dich mit so vielen schmerzvollen Lektionen beschenken, wie notwendig sind.

Die Gelegenheit zur Vollendung wird nur selten genutzt. Nichtsdestow… Wesen nicht aufhö-
…se Gelegenheit im-
… sehr jung bist, hast

…ens genau so gut,
…t. Eine Frau wird
…g zu ihrem männ-

…erführung unschuldiger Mädchen

vielversprechende, vermögende
Sogar Samariterinnen
Tao
zog ~~Jesus~~ in seine Sekte

Wachsamkeitsübung

1. Welche beiden Dinge tun wir mit unseren Listen?

2. Wenn Du nicht länger über Deinen Standpunkt nachdenken kannst, was tust Du dann damit?

3. Was bedeutet „Dich selbst nicht kennen“?

4. Wenn Du ein Mann bist und eine neue Frau fasziniert Dich, was ist dann geschehen?

5. Wenn Dein(e) Partner(in) seine (ihre) **Persönlichkeit** verändert, was ist dann tatsächlich geschehen?

6. Welchen Zweck verfolgt das **Wesen**, wenn es Leiden in Beziehungen erzeugt?

Antworten Seite 267

Kapitel 5

Der Rückzieher

Mutter die Anerkennung entziehen, und die Folgen

Wenn Du des Kindes vollkommene Anerkennung Deiner **Mutter** *entziehst, dann zahlst Du eine hohen Preis: Authentizität mit allen Frauen.*

Wenn es stimmt, daß Deine Beziehung zu Frauen aus Deiner Beziehung zu Deiner **Mutter** abgeleitet ist, dann wäre jede Methode zum Umgang mit Deiner Beziehung zu Frauen zum Scheitern verurteilt, wenn sie sich nicht wirksam mit Deiner Beziehung zu Deiner **Mutter** auseinandersetzte – nicht, um sie einfach zu erklären, sondern vielmehr, um zu Meisterschaft und gegenseitiger Befriedigung in dieser Beziehung zu führen.

Es gab eine Zeit in Deinem Leben, zu der Du mit Frauen auf der richtigen Bahn warst. Das war, als Deine Anerkennung für Deine **Mutter** noch absolut war, nichts vorenthielt. In Deinen Augen hattest Du eine perfekte **Mutter**. Dieses Erleben ist leicht für ein kleines Kind.

Dann hast Du entschieden, daß der Zweck Deiner **Mutter** in Deinem Leben sei, einen **Persönlichkeits-Wettbewerb** bei Dir zu gewinnen, und Du hast Deiner Mutter die vollkommene Anerkennung des Kindes entzogen. So, als ob Du das natürliche Leuchten der Anerkennung hinter Deinen Rücken genommen hättest und dann bei Dir gedacht: „Wenn du dich besserst, Mammi, dann gebe ich's dir zurück.“. Der Zweck des Entzugs der Anerkennung war also, sie zu einer Veränderung zu manipulieren.

Zu diesem Zeitpunkt hast Du begonnen, den negativen

Teil Deiner Liste über Frauen aufzubauen, nur hast Du damals gedacht, die Liste träfe nur auf Deine **Mutter** zu. Du mochtest dies nicht, Du mochtest das nicht, und Du hast Dich aus der authentischen Beziehung zu Deiner **Mutter** zurückgezogen.

Dann geschah zweierlei. In der Entwicklung ihrer Beziehung zu Dir wurde Deine Mutter im Sein und Handeln einer Mutter eines x Jahre alten Kindes fixiert. Dabei ist „x" Dein Alter zu dem Zeitpunkt, als Du ihr Deine Anerkennung entzogen hast.

Und wenn Du Dich heute auf Deine **Mutter** beziehst – falls sie noch lebt und Du noch in Kontakt mit ihr stehst – dann behandelt sie Dich so, wie eine **Mutter** ein x Jahre altes Kind behandeln würde. Vielleicht kocht sie Unmengen Essen, wenn Du sie besuchst, oder sie hat viele gute Ratschläge, die Du nicht brauchst, oder andere Arten des Ausdrucks für ihr Verlangen, ihre Beziehung zu Dir im Alter von x Jahren zu vollenden.

Auf der anderen Seite wurdest Du, sozusagen im selben Rhythmus, in Deiner Beziehung zu ihr gebremst, und damit in Deiner Beziehung zu allen Frauen. In Beziehung zu Frauen bist Du ein Kind von x Jahren. Du magst jetzt 10, 20, 30 oder mehr Jahre älter sein, aber im Innern, in Deinem Erleben, bist Du in Beziehung zu Frauen x Jahre alt. Das bedeutet üblicherweise, daß Du Frauen fürchtest, und eine suchst, die für Dich sorgt.

Vielleicht hast Du gelernt, wie Du Frauen gegenüber, oder sogar auch Deiner **Mutter** gegenüber, Dein Alter spielen kannst. Aber das ist ein unechtes Schauspiel, nicht mehr. Von Zeit zu Zeit brechen, sehr zu Deiner Verlegenheit, unreife Denk- und Verhaltensmuster durch.

Wenn Du mit Deiner Mutter sprichst, hast Du wahrscheinlich eine Liste von 15 Dingen, die Du sagst, und sie hat 15 Antworten. Wenn Du Deine Platte abgespielt hast, und sie als Antwort ihre Platte abgespielt hat, dann ist die Unterhaltung vorbei, außer natürlich, wenn ihr dieselben Platten noch einmal auflegt.

Der letzte, und höchste Preis, oder die Strafe, für den Entzug der natürlichen Anerkennung des Kindes für die **Mutter**, ist der Verlust der Echtheit im Umgang mit Frauen. Der Lohn für den Entzug Deiner Anerkennung für Deine **Mutter** ist, daß Du ihr gegenüber, und überhaupt Frauen gegenüber, *recht hast*. Und Du wirst bei Deinem Rechthaben bleiben, vielleicht ohne Rücksicht auf den Preis.

Da gibt es ein „vielleicht" für die Menschen, die den Preis sehen. ■

Wachsamkeitsübung

1. Es gab eine Zeit in Deinem Leben, als Du mit Frauen auf der richtigen Bahn warst. Wann war das?

2. Zu welchem Zweck hast Du Deiner Mutter Deine völlige Anerkennung entzogen?

3. Was folgt unmittelbar daraus, daß Du Deiner Mutter Deine Anerkennung entzogen hast?

4. Bis zu welchem Ereignis wird dieses Ergebnis fortbestehen?

Antworten Seite 268

Kapitel 6

Ein System, das seinen Schöpfer ausschließt

Wenn Du clever wärest, könntest Du ein System entwerfen, das Dir recht geben würde, eine Menge kosten, und Dich von der Neu-Ordnung des Systems selbst ausschließen. Du bist clever.

Es gibt einen Ausweg aus dieser mißlichen Lage. Dieser Ausweg ist, Deine **Mutter** anzuerkennen, und zwar ohne jeglichen Vorbehalt. Die Anerkennung gilt zu einem Teil dafür, daß sie ihre Aufgabe erfüllt hat, daß sie in dieser Hinsicht vollkommen war.

Der Beweis dafür, daß sie ihre Aufgabe erfüllt hat, sitzt übrigens jetzt gerade auf Deinem Stuhl. Du bist der Beweis, daß sie Dir beim Überleben geholfen hat, bis Du selbständig überleben konntest. Das war ihre Aufgabe, und sie hat sie erfüllt. Wenn nicht, dann wärst Du jetzt nicht hier, um dies zu lesen.

Deine Klage betrifft ja auch nur die Art, wie sie ihre Aufgabe erfüllt hat. Du hattest Dich entschieden, die Art nicht zu mögen, wie sie es gemacht hat. Und Du hattest beschlossen, daß sie einen **Persönlichkeits-Wettbewerb** gewinnen müsse, um bei Dir anzukommen.

Der Nutzen daraus, sie vollständig, umfassend und wahrhaftig anzuerkennen, ist: Zwei Menschen wachsen in ihrer Beziehung miteinander, und eine(r) der beiden, Du, wird in seiner oder ihrer Beziehung zu allen Frauen erwachsen.

Um sie anzuerkennen, mußt Du sie nicht mögen. Wenn Du sie nicht magst, kannst Du dabei bleiben, sie nicht zu mögen, und ihr doch ihre rechtmäßige Anerkennung geben. Es wäre töricht von Dir, so weiterzumachen, aber es hat keine Bedeutung für Deine Fähigkeit, Anerkennung abzugeben.

Du mußt nicht mehr tun, als die Wahrheit über Deine Mutter zu entdecken (zu erschaffen) – das, wofür Du sie gerechterweise anerkennen kannst. Einen Teil der Antwort hast Du schon: Sie hat ihre Arbeit getan.

Aber bevor Du nicht auch den Rest der Antwort erschaffen hast, kannst Du Deiner Mutter keine volle Anerkennung geben, da Du buchstäblich nicht weißt, wer sie ist. Mit anderen Worten, Du bist nicht in einer authentischen Beziehung mit ihr. Du kannst keine echte, vollständige Anerkennung geben, solange Du nicht in einer echten Beziehung mit der Person bist, die Du anerkennen willst.

In diesem Falle bist Du in erster Linie deswegen außerhalb der authentischen Beziehung, weil Du aufgehört hast, Anerkennung zu geben. Also ist ursprünglich genau das, weshalb Du in Beziehung zu ihr sein möchtest, nämlich um die Anerkennung zu geben, der Grund dafür, warum Du nicht in authentischer Beziehung bist.

Das ist ein sehr schlaues System, das Du da konstruiert hast, um Dich selbst auszuschließen. Du kannst in dieses System nicht eher eindringen, als bis Du das andere Thema entdeckst, für das Du Deine **Mutter** anerkennen kannst.

Wenn Du dieses System mit einem Tresor vergleichst, dann ist die Zahlenkombination zum Öffnen des Tresors in seinem Innern eingeschlossen. Der Tresor kann nicht ohne die Kombination geöffnet werden, aber die Kombination ist im Tresor. Um diesen Tresor zu öffnen, mußt Du buchstäblich die Kombination erschaffen. Wenn, und nur wenn, Du den Tresor öffnest, wirst Du „beweisen" können, daß das die richtige Kombination war. ■

Wachsamkeitsübung

1. Was ist der Beweis dafür, daß Deine **Mutter** ihre Arbeit getan hat?

2. Wo ist dieser Beweis?

3. Was ist die Folge, wenn Du Deiner **Mutter** vollständige, umfassende und wahrhaftige Anerkennung gibst?

4. Wenn das System, das Dich ausschließt, einem Tresor gliche, wo wäre die Kombination, die den Tresor öffnet?

Antworten Seite 268

Kapitel 7

Wiederherstellen der Beziehung zur Mutter

Wer Mutter ist, und wer nicht

Deine ***Mutter*** *anzuerkennen, bringt Dich nicht zurück in eine Beziehung zu ihr. Du mußt zu einer Beziehung zu ihr zurückkehren, bevor Du ihr Anerkennung geben kannst. Wenn Du es zu Deinem Standpunkt machst, daß ihre Liebe für Dich absolut ist, dann bringt Dich das zurück in eine Beziehung zu ihr. Aus dieser Beziehung heraus kannst Du Deine Mutter gerechterweise anerkennen, ohne Rücksicht auf Deine Gefühle darüber. Diese Anerkennung zu geben, schafft Authentizität zwischen Dir und allen Frauen.*

In den letzten paar Jahren habe ich mit einigen tausend **Müttern** über dieses sehr intime Thema gesprochen. Ich habe nicht nur keine einzige **Mutter** gefunden, die ihre Kinder nicht liebte, sondern ich suche sogar immer noch nach wenigstens einer Mutter, die sich Umstände vorstellen könnte, unter denen sie ihre Kinder nicht lieben würde.

Viele Mütter haben etwas gegen dir Art, wie ihre Kinder ihr Leben ausdrücken, viele stimmen nicht mit der Lebensanschauung ihrer Kinder überein, aber beim Thema Liebe herrscht Einmütigkeit. Mütter lieben ihre Kinder – Punkt.

Immer dann, wenn Du im Leben Einmütigkeit findest, kannst Du fest davon ausgehen, daß etwas sehr Kraftvolles wirkt. Was in der Mutter/Kind-Beziehung wirkt, ist **absolute Liebe**. Erinnere Dich daran: **Absolute Liebe** bedeutet nichts komplizierteres, als daß etwas ohne Gegensätze existiert. Im Falle der **Mutterliebe** kommt es aus dem **In-**

stinkt. Es braucht also keinen Gedanken und keine Absicht, um so zu sein, sondern es ist eher angeboren, an die Biologie der Mutterschaft gebunden.

Deshalb ist jede Äußerung einer **Mutter** zu einem Kind ein Ausdruck **absoluter Liebe**. Das gilt einschließlich der Äußerungen, gegen die Du etwas einzuwenden hattest, und der Äußerungen, die gemäß Deinem Beschluß bewiesen, daß sie Dich nicht so liebte, wie sie gesollt hätte.

Die Schwierigkeit für das Kind ist: Wenn das Kind der **Mutter** die Anerkennung entzieht, dann fällt das kindliche Erleben der **Mutterliebe** in das **Reich der Gegensätze**. In diesem Reich werden bestimmte Äußerungen der Liebe vom Kind als Äußerungen der Abwesenheit von Liebe erlebt.

Deshalb ist in Bezug auf **Mutterliebe** die **Wirklichkeit** verzerrt. Zusammen damit ist das Erleben verzerrt, von Frauen im allgemeinen geliebt zu werden – das heißt von allen Frauen.

Der obige Abschnitt ist wahr, nicht die **Wahrheit**, sondern aus der **Wahrheit**. Du kannst seinen Wahrheitsgehalt nicht erkennen, bis Du den Standpunkt einnimmst, daß Liebe absolut ist. Wenn Du diesen Standpunkt eingenommen hast, existiert die Wahrheit des obigen Abschnitts in der Wirklichkeit Deines Lebens.

Bis Du diesen Standpunkt einnimmst, existierst Du in Bezug auf Liebe im **Reich der Gegensätze**, und die vorangegangenen Aussagen scheinen absurd. Wenn Dir also die obigen Behauptungen absurd erscheinen, dann bist Du nicht willens, dafür zu leben oder zu sterben, daß Liebe keine Gegensätze hat – noch nicht.

Den Standpunkt der Absolutheit von Liebe einzunehmen ist genau das, was erforderlich ist, um Dich wieder in eine Beziehung zu Deiner **Mutter** zu bringen. Es ermöglicht Dir also, die Anerkennung zu geben, welche diese Beziehung vollendet.

Im Bild von Tresor und Kombination erschaffst Du buchstäblich die Kombination zur Öffnung des Tresors, indem Du den Standpunkt einnimmst, daß Liebe absolut ist. Wenn der Tresor offen ist, kannst Du Deine Kombination am Original überprüfen.

Es ist zum größten Vorteil für Deine **Person**, wenn Du

diesen Standpunkt einnimmst, wenn Du Dein **Selbst** erschaffst für Liebe, die ohne Gegenteil existiert. Dafür mußt Du aufgeben, Deiner **Mutter** gegenüber recht zu haben. Das ist sehr schwer für Deinen **Verstand**.

Wenn Du den Standpunkt einnimmst, daß Liebe absolut ist, dann ändert sich an Deiner Mutter gar nichts, auch das nicht, was Du immer ändern wolltest: ihre **Persönlichkeit**. Tatsächlich kann nichts die **Persönlichkeit** Deiner Mutter ändern, weil sich in der Regel **Persönlichkeiten** fast nie ändern.

Es bedarf einer Tat des **Wesens**, um eine **Persönlichkeit** zu ändern. Ein **Wesen** tut selten etwas, um die **Persönlichkeit** zu verändern. Und wenn Du darauf wartest, daß die **Persönlichkeit** Deiner **Mutter** sich verändert, damit Du erkennen kannst, daß sie Dich liebt, dann bist Du in jedem Falle ein Narr. Insbesondere bist Du ein Narr, weil *Du* einfach dadurch, daß Du den Standpunkt einnimmst, daß Liebe absolut ist, Deine **Mutter** als Verkörperung der **absoluten Liebe** entdecken kannst.

Wenn Du entdeckst, wer Deine **Mutter** ist, dann hast Du die andere Hälfte vom **Anerkennungs-Rätsel**. Du gibst Deiner **Mutter** Anerkennung dafür, daß sie (1) ihre Aufgabe erfüllt, und (2) Dich absolut liebt.

Wenn Du den Standpunkt einnimmst, daß ihre Liebe zu Dir absolut ist, und immer war, dann bist Du in einer authentischen Beziehung zu ihr. Diese authentische Beziehung wird Dir erlauben, Deine Mutter für die zwei eben genannten Dinge anzuerkennen. Dies ist der einzige Eingang in ein System, das entworfen wurde, um Dich auszuschließen. ■

Wachsamkeitsübung

1. Wo ist in der **Person** einer **Mutter** der Sitz der **absoluten Liebe**?

2. Was muß ein Kind tun, um die Absolutheit der **Mutterliebe** wahrnehmen zu können?

3. Wenn ein Kind der Mutter die völlige Anerkennung entzieht, in welches Reich fällt dann das Erleben ihrer Liebe?

4. Im Bild von Tresor und Kombination: Was entspricht der Zusammenstellung der Kombination zum Öffnen des Tresors ohne Anhaltspunkt?

5. Wenn Du den Standpunkt einnimmst, daß die Liebe Deiner **Mutter** absolut ist, wie verändert sich ihre **Persönlichkeit**?

Antworten Seite 268

Kapitel 8

Anerkennung für Mutter

Viele Mütter leben über den Zeitpunkt hinaus, an dem sie hätten sterben sollen, und warten auf eine Anerkennung, die vielleicht nie kommt.

Es passiert halt, daß Mütter buchstäblich dafür leben, durch ihre Kinder vollständig und umfassend anerkannt zu werden. Viele fürchten, daß die Anerkennung niemals kommen wird. Viele Mütter leben über den Zeitpunkt hinaus, an dem sie hätten sterben sollen, und warten darauf, daß ihre Kinder aufwachen.

Mütter wissen, daß sie ihre Kinder absolut lieben. Viele bedauern, daß sie ihre Liebe so ausgedrückt haben, wie sie sie ausgedrückt haben, und wissen doch keine andere Art, wie sie sie hätten ausdrücken können.

Viele Mütter haben die Hoffnung aufgegeben, jemals diese Art der Anerkennung von ihren Kindern zu erhalten. Sie haben Schutzmauern errichtet, um den Schmerz der Enttäuschung zu verringern. Daher scheinen sich manche nichts daraus zu machen, oder gar nicht zu bemerken, wenn sie die Anerkennung erhalten.

Aus diesem Grunde mußt du, wenn Du eine **Mutter** anerkennst, fest entschlossen sein, sie zu erreichen. Vielleicht mußt Du sie immer wieder und wieder anerkennen, und es zu einer Lebensart machen, damit es schließlich bei **Mutter** ankommt. Und vielleicht wird sie Dir niemals zeigen, daß es angekommen ist.

Jede Anerkennung muß buchstäblich stimmen, damit sie etwas wert ist. So werden Sätze wie „Mensch Mammi, danke daß Du mich bekommen hast" oder „Ich habe dich wirklich sehr lieb, Mammi" in keiner Weise die Aufgabe erfüllen, auch wenn sie noch so nett sind. Was Du vermitteln willst, sind genau zwei Dinge: (1) sie hat ihre Aufgabe erfüllt, und (2) sie hat Dich absolut geliebt.

Also ist ein guter Anfang: „Mutter, ich danke dir dafür, daß du mich immer absolut geliebt hast, und dafür, daß du deine Aufgabe als meine **Mutter** auf die richtige Weise erfüllt hast.“. Denke daran: Du mußt dem nicht zustimmen, oder es mögen (was dasselbe ist).

Es muß ihr deutlich werden, daß Du weißt, daß sogar die Dinge, die Du ihr immer vorgeworfen hast, Äußerungen von Liebe waren und sind. Insbesondere gilt das für diejenigen Ereignisse und diejenigen ihrer Handlungen, für die sie sich offen oder insgeheim selbst Vorwürfe macht.

Wenn Deine **Mutter** nicht mehr lebt, so ist das kein Hindernis für Anerkennung. Letztenendes ist Anerkennung ein Prozeß, zuerst die **Wahrheit** in Deinem **Selbst** zu erschaffen, und dann die Wahrheit zu sagen. Du kannst die Wahrheit auch einer verstorbenen Mutter sagen, wie in einem Gebet, wenn Du weißt, daß sie – wenigstens solange Du lebst – nicht vergegangen ist.

Tatsächlich bist Du im Vorteil, wenn Deine **Mutter** nicht mehr lebt. Wenn Du Deine Anerkennung gibst, dann kannst Du auf die Wahrscheinlichkeit setzen, daß sie nicht widersprechen wird, daß sie Deinen Dank annehmen, und Deine Beziehung widerstandslos vollenden wird.

Hier sind die Schritte, um die **Wahrheit** über **absolute Mutterliebe** zu erschaffen.

Die Schritte sind:

(1) gib das Versprechen, daß in Deinem Erleben alle Äußerungen Deiner **Mutter** Äußerungen von Liebe waren und sind,

(2) sei willens, für dieses Versprechen buchstäblich zu leben oder zu sterben,

(3) halte dieses Versprechen für den Rest Deines Lebens,

(4) anerkenne Deine **Mutter**, ob Du das magst oder nicht.

Ich bin mir darüber klar, daß Du vielleicht „nicht willst“ und es vielleicht „nicht magst“. Diese Haltungen sind ein Teil Deines Spiels mit **Mutter** und mit Frauen. Durch die Anerkennung werden sie verschwinden. Wenn Deine Mutter noch lebt, eines Tages wird sie sterben. So habe ich eine Frage zu stellen: Kann Deine Haltung, die Anerkennung für Deine Mutter betreffend, angesichts des Todes bestehen? Kann Dein Glas Wasser angesichts des Ozeans bestehen? Ich bezweifle das. ■

Wachsamkeitsübung

1. Was ist der Preis für den Entzug der natürlichen kindlichen Anerkennung für **Mutter?**

2. Wissen Mütter, daß sie ihre Kinder absolut lieben?

3. Was sind die beiden Bestandteile einer stimmigen Anerkennung für **Mutter?**

4. Wer ist dafür verantwortlich, daß **Mutter** die Anerkennung „mitbekommt"?

5. Was ist vielleicht notwendig, damit sie es „mitbekommt"?

6. Um **Mutter** anzuerkennen, mußt Du es „mögen" oder Dich „danach fühlen"?

Antworten Seite 268

ARBEITSBLATT

Zu Deiner Erinnerung hier eine Übersicht des Materials in diesem Buch:

Buch IV: Mutter – Des Einzelnen Beziehung zu allen Frauen

1 Die ersten Anfänge
2 Der Zweck der Eltern
3 Die Liste
   – Was ist eine Frau?
4 Die Liste werden
   – die Definition sein
5 Der Rückzieher
   – Mutter die Anerkennung entziehen, und die Folgen
6 Ein System, das seinen Schöpfer ausschließt
7 Wiederherstellen der Beziehung zur Mutter
   – Wer Mutter ist, und wer nicht
8 Anerkennung für Mutter

Einsichten in mein eigenes Leben, die ich aus dem Lesen von Buch IV gewonnen habe:

1.
2.
3.
4.
5.

Welche auf diesen Einsichten beruhende Handlungen plane ich, einschließlich des Zeitpunktes, zu dem jede einzelne vollendet sein wird:

1.
2.
3.
4.
5.

BUCH V

VATER

Des Einzelnen Beziehung zu allen Männern

Da alle Männer Macho-Männer sind, sind alle Väter Macho-Männer. Sie alle haben ihre **Nummern vom starken Mann**. *Das ist das größte Hindernis, das Väter gegen das Erleben und den Ausdruck von Liebe errichten.*

BUCH V

VATER – DES EINZELNEN BEZIEHUNG ZU ALLEN MÄNNERN

Kapitel 1

Die harte Schale und der weiche Kern

Alle Männer sind Macho-Männer. Alle Väter sind Männer, also sind alle Väter Macho-Männer. Dies gilt auch für Deinen ***Vater****.*

In Buch I, Kapitel 4 haben wir erörtert, was zum Mann-Werden erforderlich ist: Die eigene Angst vor der Aggression anderer männlicher Wesen zu meistern, indem mann sich einredet „Ich bin besser, schneller, stärker und klüger". Dieser kleine Zuspruch wird so oft wiederholt, daß Männer zu dieser Reihe von Gedanken werden. Sie denken dann von diesen Gedanken aus, statt diese Gedenken selbst zu denken. Dieser Standpunkt ist das **männliche Macho-Ego**, kurz MME.

Wenn Du jemanden erlebst, der den Prozeß des Mann-Werdens abgeschlossen hat, dann erlebst Du wahrscheinlich „He, hier ist ein sehr starker, mutiger Typ". Kinder sehen in ihren Vätern hauptsächlich die starke Seite. Ein Kind kann sich keinen stärkeren Mann vorstellen, als den eigenen **Vater**.

Das ist einfach die Art, auf die sich **Vater**-Sein bei einem Macho-Mann darstellt. Und erinnere Dich: Alle Männer sind Macho-Männer. Zwischen einem **Vater** und seinen Kindern ist so etwas wie eine steinerne Mauer. Sie verhindert oder unterdrückt den Ausdruck von Gefühlen, Emotionen, zum **Vater** und vom **Vater**.

Viele von uns entdecken nie **Vaters** weichen Kern, weil die harte Schale so hart, die steinerne Mauer scheinbar undurchdringlich ist. Vielleicht hast Du Deinem **Vater** seine Nummer vom starken Mann abgekauft, und hast ihn deswegen nie als das weichherzige menschliche Wesen kennengelernt, das er ist oder war. Wenn dem so war, dann war die Liebe Deines **Vaters** in Härte gefangen, einer Härte, die Deinem Zugang widerstand, und genauso seinen Selbstausdruck verhinderte.

Gestatte mir diese Frage: Wenn Väter so stark sind, warum handeln sie dann so? Wenn eine Person wirklich stark ist, gibt es dann einen Grund, hart zu handeln? Warum also handeln Väter so hart? Könnte es sein, daß im Innern dieser harten Schale eine verletzliche **Person** ist, die glaubt, diese Verletzlichkeit verbergen zu müssen?

Erscheint Dir Dein **Vater** verletzlich? Wenn nicht, dann fürchtet er vielleicht seine eigene Verletzlichkeit so sehr, daß er sie hinter der **Nummer vom starken Mann** versteckt.

Ich rate Dir, Dich durch die **Nummer vom starken Mann** nicht täuschen zu lassen. Erwäge einfach die Möglichkeit, daß Dein **Vater** verletzlich ist, und schaue, was sich aus dieser Möglichkeit ergibt. Ich sage voraus, daß Du von dieser Möglichkeit aus Anhaltspunkte dafür finden wirst, daß er doch nicht so stark ist, wie er sich gibt.

Wie dem auch sei, eines **Vaters** Liebe ist nicht weniger absolut als die Liebe einer Mutter. Sie wird aber aller Wahrscheinlichkeit nach anders ausgedrückt werden, vorausgesetzt, er ist ein Mann. ■

Wachsamkeitsübung

1. Welche Väter sind Machos?

2. Was ist die steinerne Mauer, die **Väter** zwischen sich selbst und dem Ausdruck von Zuneigung errichten?

Antworten Seite 269

Kapitel 2

Die Aufgabe eines Vaters

Eine Vision haben

Da ihnen die Fähigkeit versagt ist, Kinder zu gebären, tun Väter, was sie am besten können: eine Zukunftsvorstellung für das Leben ihrer Kinder haben.

Du hast wahrscheinlich schon vom „Penisneid“ gehört – Freud und seine Schüler haben ihn zu Tode geritten –, ich werde also darüber nichts sagen. Ich werde Dir über etwas erzählen, wovon Du noch nichts gehört hast: „Fötusneid“. Männer beneiden Frauen in vielerlei Hinsicht. Der Bereich des vielleicht heftigsten Neides ist die Tatsache, daß Frauen die Fähigkeit besitzen, Kinder auszutragen und zu gebären. Dieser Neid kommt in werdenden Vätern hoch. Da aber alle Männer Machos sind, werden nur wenige ihn zugeben.

Wenn der Fötusneid unbewußt ist, kann er sich in medizinischen Symptomen äußern. Wenn **Mutter** immer runder wird, so auch **Vater**, weil er ißt, um mitzuhalten, und er kommt sich selber schwanger vor.

Normalerweise gibt der **Vater** um den vierten oder fünften Monat seiner „Schwangerschaft“ auf, und verliert wieder Gewicht. Aber einige Männer tragen es bis zum Schluß aus und erscheinen bereit, jeden Augenblick zu gebären – einen „Schinken-Burger“ abzuliefern. Fast alle Väter erleben während des ersten Drittels der mütterlichen Schwangerschaft eine eigene Gewichtszunahme.

Ich erzähle Dir dies, um deutlich zu machen, daß Männer wirklich den Frauen ihre Fähigkeit neiden, Kinder zu gebären und Leben zu schenken. Da ihnen diese Möglichkeit versagt ist, haben die Väter eine andere Aufgabe gewählt: Die **Vision** haben.

Was ich mit „die **Vision** haben“ meine, ist am besten zu sehen bei der ersten Gelegenheit, zu der ein **Vater** sein neugeborenes Kind in seinen Armen hält. Vielleicht kannst Du sehen, wie Dein eigener **Vater** dasteht, Dich zum ersten Male hält, und einen Traum für Dein künftiges Leben träumt, ein Leben voller Lebensqualität, ein gut gelebtes Menschenleben.

Nur wenige Väter sprechen jemals darüber. Es würde einfach nicht in die Nummer vom starken Mann hineinpassen. Aber diese **Vision** ist da, und zwar für den Rest des Lebens dieses **Vaters**. Dein **Vater** hatte genau so eine **Vision** für Dein Leben, ganz gleich, wie er sie geäußert hat. Ich dachte halt, Du würdest das vielleicht wissen wollen. ■

Wachsamkeitsübung

1. Worum beneiden Männer die Frauen?

2. Was entspricht beim **Vater** der Gebärfähigkeit der **Mutter?**

Antworten Seite 269

Kapitel 3

Der Sündenbock

Es ist bequem, daß alle Väter versagen, denn in diesem Versagen liegt unsere Identität.

Sehen wir uns mal an, wie sich „Ich bin besser, schneller, stärker und klüger" in der Vaterrolle in der Familie zeigt. Ist es nicht eine natürliche Folge, diese Behauptung fortzusetzen mit „und darum bin ich hier für alles verantwortlich"?

Vater wird das kaum sagen, und doch gehen er und die Familie davon aus: „und darum ist er hier für alles verantwortlich". Übrigens behaupte ich nicht, daß er tatsächlich klüger oder verantwortlich ist. Aber ich stelle folgende Behauptung auf: So, wie die meisten von uns das Spiel mit dem Namen „**Familie**" spielen, können Familien nicht funktionieren. Ich meine damit: Das volle Ausmaß an persönlicher Entwicklung, die Verwirklichung des eigenen Potentials, Verstehen was Liebe ist, vollständiger Selbst-Ausdruck, und Meisterschaft im Leben – all' die Dinge, von denen wir *annehmen*, daß wir sie aus diesem Spiel namens **Familie** bekommen sollten, sind dort einfach nicht erhältlich.

Das Spiel mit dem Namen **Familie** wurde nicht entworfen, diese Köstlichkeiten zu liefern. Es wurde zum Überleben der Familienmitglieder unter Lebensumständen entworfen, die tausende Jahre nicht generell bestanden. Familien funktionieren bei der Sicherung des Überlebens hervorragend. Sie sind keine zuverlässigen, konsequenten Lieferanten von irgendetwas sonst.

Wenn etwas schiefgeht, egal wie wenig oder wie viel, dann brauchen wir eine Erklärung: eine Erklärung, die uns das Gefühl gibt, wir hätten die Situation verstanden, so daß wir sie in Zukunft vermeiden könnten; eine Erklärung, die kurz ist, und leicht zu behalten. Es ist wirklich riesig, wenn Du etwas so einfaches tun kannst, wie auf die Fehlerursache zeigen. Das beansprucht Dein Gehirn weniger.

Wenn die Familie versagt, dann zeigen wir auf **Vater**. Wen sonst? Einfach dadurch, daß er **Vater** ist, ist er für die Dinge verantwortlich. Machen wir uns nichts vor: Er ist sogar für **Mutters** Glück verantwortlich! Du weißt, wie unglücklich sie war, also muß er versagt haben. Er ist auch für Geld verantwortlich, und es gab nicht genug Geld, wie Du weißt. Unsere Haupterfahrung mit Geld ist: Mangel.

In Beziehung zu einem Sündenbock, definierten die meisten von uns sich also als Gegensatz zu diesem Sündenbock. Das ist ein großes Problem für Kinder, die Jahre damit zugebracht haben, durch Nachahmung des **Vaters** eine **Persönlichkeit** zu entwerfen. Ein solches Kind kommt dazu, daß es sich wie die vorgeblich gehaßte Person verhält, also dazu, daß es sein eigenes Verhalten haßt. ■

Wachsamkeitsübung

1. Wer beansprucht, für die Familie verantwortlich zu sein?

2. Wozu ist eine Familie entworfen?

3. Was sagen wir, wozu eine Familie entworfen sei?

4. Welche Eigenschaften hat eine gute Erklärung für einen Fehlschag?

5. Was ist die übliche Erklärung für Versagen in der Familie?

6. Wen machen wir für **Mutters** Glück verantwortlich?

7. Wessen Fehler ist es, wenn es an Geld mangelt?

Antworten Seite 269

Kapitel 4

Erschaffen, wer Du bist

Herausfinden, wer Du nicht bist

Wenn Du Dich als das Gegenteil des Typs erweisen würdest, der versagt hat, dann könntest Du nicht allzu falsch liegen, oder?

Irgendwann im Alter von 12-15 Jahren beginnt eine **Person** zu erkennen, daß es an der Zeit ist, das eigene **Selbst** zu definieren; daß Kindheit ein vorübergehender Zustand ist, und daß irgendeine Art von Standpunkt darüber angenommen werden muß, wer man ist. Dafür, wie wundervoll Du bist, kannst Du Dir nichts kaufen; Du mußt zu irgendetwas nütze sein.

Das ist eine verwirrende Zeit im Leben, denn bei der Suche nach Anhaltspunkten, wer man ist, ist nicht viel zu finden. Ich schreibe dies im Alter von 41 Jahren, also alt genug, um einige Anhaltspunkte zu haben, wo mein Platz in der Welt ist. Aber wenn Du 13 bist und man erwartet von Dir, zu wissen, welche Bedeutung Dein Leben hat, und das sogar ohne jeglichen Anhaltspunkt, das ist Stress!

Definieren, wer man ist, ist nicht mehr, als willkürliche Wahlen darüber zu treffen, wofür man im Leben eintritt, und dann diese Wahlen zu rechtfertigen. Aber niemand sagt Dir, daß diese Wahlen willkürlich sind, und daß die Rechtfertigungen auftreten, nachdem, nicht bevor, die Wahlen getroffen sind.

Um nichts in der Welt kannst Du irgendetwas sehen, was irgendeinen Sinn macht, wozu Du hier bist. Viele von uns warten darauf, daß Gott es uns sagt. Wenn Gott sich nicht zeigt, dann basteln wir entweder etwas zusammen, oder wir tadeln Gott dafür, warten ein Leben lang, daß Gott sich zeige, oder machen einen „beruflichen Eignungs-Test“, als ob ein Test mehr wüßte als wir selbst wissen.

Es gibt keine Kurse, die Dir bei der Einrichtung Deiner Identität in der Welt helfen. Und die wenigen Erwachsenen, die darüber etwas wissen, sprechen darüber noch weniger, als die Menschen, die etwas über Sex wissen, über Sex reden.

Beteilige Dich am Sündenbock-Spiel, und Du denkst „Mag sein, daß ich nicht weiß, wer ich bin, oder wozu ich im Leben nütze bin, aber eines ist sicher: Ich weiß, wer ich nicht bin, und wer ich nicht sein möchte – dieser Typ, der für die Dinge verantwortlich ist, die hier nicht funktionieren. Tatsächlich könnte ich nicht allzu falsch liegen, wenn ich mich als sein Gegenteil erweisen würde.“

Um Dich selbst sicherer zu fühlen, fängst Du also an, Dich als das Gegenteil des Mannes zu definieren, der Dein **Vater** ist. Ich sage nicht, daß das immer so ist, aber ich sage, es geschieht häufig genug, daß es für die meisten von uns eine lohnenswerte Betrachtung ist.

Es gibt noch eine andere Möglichkeit, mit dem Problem **Vater** umzugehen, nämlich Dich als „genau so wie er“ zu definieren. Auf beide Arten gelingt es Dir, Dich nicht in Deiner eigenen Verantwortlichkeit zu definieren.

Versetze Dich in die Lage eines **Vaters**, der vielleicht hinter der Nummer vom starken Mann ein weiches Herz voller Liebe verbirgt, und eine **Vision** für Dein Leben hegt. Dann muß er sehen, wie sein Kind sein oder ihr **Selbst** als sein Gegenteil definiert. Kannst Du Dir vorstellen, daß so manchem Vater in einer solchen Situation das Herz bricht? Ist es möglich, daß Dein **Vater** einer dieser Männer ist, die ein so gebrochenes Herz haben? ■

Wachsamkeitsübung

1. In welchem Alter fangen Menschen an, das **Selbst** zu schaffen, d.h. zu definieren, wer sie sind und wozu sie nütze sind?

2. Was ist die Methode zur Schaffung des **Selbst**?

3. Wer wird üblicherweise zur Einrichtung der eigenen Identität benutzt, indem das eigene **Selbst** als das Gegenteil dieser Person definiert wird?

4. Was ist eine andere Art, zu definieren, wer Du bist?

Antworten Seite 269

Kapitel 5

Die Vater-Liste

Was ist ein Mann?

Der Preis, Dich Deiner Liste über Männer zu stellen, ist die Erkenntnis, daß Du unrecht hattest. Der Gewinn ist die Möglichkeit, mit Männern authentisch zu werden.

Genau wie bei **Mutter** entscheidet man als erstes über eine Liste zur Beantwortung der Frage „Was ist ein Mann?". Im Laufe der Jahre vergißt Du, daß Du eine Liste hast, und Du wirst die Liste. Zu Deiner Aufgabe wird dann, von dieser Liste aus zu leben, und letztendlich zu beweisen, daß die Liste gültig ist.

Weil **Vater** ein Mann ist, und alle Männer Machos sind (sie alle beherbergen die unbewußten Verteidigungsgedanken: Ich bin besser, schneller, stärker, und klüger), enthalten die Listen, die Menschen über Männer erzeugen, üblicherweise Elemente der Gefahr – Männer sind irgendwie gefährlich. Wenn Du tatsächlich Deinen **Vater** gefürchtet hast, dann wird es in Deiner Liste etwas geben, das angsteinflößend, wie auch gefährlich ist.

Und genau wie bei **Mutter**: In dem Maße, wie Du mit Deiner Liste nicht abgeschlossen hast, d.h. Dich weigerst, bestimmte Eigenschaften zu akzeptieren, die Du in Deinem **Vater** gesehen hast, in demselben Maße bist Du gezwungen, diese Negativpunkte Deiner Liste in Deinen engsten Beziehungen zu Männern auszutragen.

Dies ist eine Gelegenheit, die Dir das **Wesen** bietet, damit Du mit diesen wahrgenommenen Eigenschaften abschließen kannst. Ein Beispiel: Wenn Deine Liste etwas enthält wie, Männer seien gewalttätig und gefährlich, dann wirst Du bemerken, daß Du in den sanftesten Männern Gewalttätigkeit hervorrufst.

Nur wenige von uns ergreifen jemals die Gelegenheit, zur Quelle dieser wahrgenommenen Eigenschaften vorzudringen und mit ihnen abzuschließen, obwohl das Streben des **Wesens** nach Vollendung größer ist, als unser Bedürfnis, Schmerz und Leid zu vermeiden. Deshalb wird die Gelegenheit immer wieder auftauchen, ungeachtet des mit diesem Prozeß verbundenen Schmerzes und Leides.

Wenn Du Bewußtheit über Deine Liste vermeidest, erhältst Du auf der anderen Seite den Gewinn, daß Du in Deiner Geschichte der Beziehungen zu Männern recht behältst. ■

Wachsamkeitsübung

1. Was ist in den Listen der Menschen über Männer üblicherweise enthalten?

2. Welcher Teil Deiner Liste wird Dir Kummer machen?

Antworten Seite 269

Kapitel 6

Authentisch werden mit Vater und mit Männern

Wenn Du darauf wartest, daß Dein **Vater** *sich ändert, bevor Du ihn anerkennst, dann sei darauf gefaßt, daß Du in langem Leiden Deine Geduld beweisen mußt.*

Wenn Du in der Lage warst, das vorige Kapitel durchzustehen, dann bist Du auf dem Wege, in Deiner Beziehung zu Männern authentisch zu werden. Wenn Du den Gedanken aushalten kannst, daß Du vielleicht nicht nur unbewußt warst, sondern auch noch unrecht hattest, dann hebt Dich das weit ab von fast allen anderen Mitgliedern Deiner Art.

Die Entscheidung, daß **Vater** seine Aufgabe nicht, oder auf die falsche Weise erfüllte, war vor vielen langen Jahren die **Überlebensstrategie eines Kindes**, das um die Entdekkung der eigenen Identität kämpfte. Vielleicht ist es an der Zeit, diese Entscheidung neuerlich zu überprüfen.

Um zu erkennen, ob **Vater** seine Aufgabe erfüllt hat: sieh' Dir den Beweis an! Hast Du überlebt? Offensichtlich, das hast Du – also hat er seine Aufgabe erfüllt. Das war seine einzige Verpflichtung Dir gegenüber. Vielleicht hat er Dich verlassen, als Du drei Monate alt warst, und so Raum geschaffen für den wirklichen **Vater**. Wenn er seine Arbeit auf diese Weise getan hat, dann hat er sie eben auf diese Weise getan.

Wenn er seine Arbeit nicht getan hätte, dann wärst Du nicht hier, um dies zu lesen. Dein einziges Problem damit ist, daß Du die Art nicht magst, auf die er seine Aufgabe erfüllt hat, und daß von ihm erwartetest, einen **Persönlichkeits-Wettbewerb** bei Dir zu gewinnen, obwohl er seine Aufgabe erfüllt hat.

Die Wahrheit über Deinen **Vater** zu kennen, ist also Voraussetzung dafür, mit **Vater** authentisch zu werden. Daß er seine Aufgabe erfüllt hat, ist der erste Schritt im Wissen um Deinen **Vater**. Der zweite Punkt, den es zu kennen gilt, ist die Natur seiner Liebe zu Dir. Die meisten Väter, und in dieser Hinsicht die meisten Männer, zeigen eine Art **absoluter Liebe**, die ich harte Liebe nenne. Wie sonst würdest Du Deine Liebe ausdrücken, wenn Du die Nummer vom harten Mann spieltest?

Ich will Dir etwas über **Vater** sagen, und über seine Art, sich auszudrücken. Er hat ein Recht dazu. Du hast kein Recht, von ihm, oder von irgendjemand sonst in dieser Angelegenheit, Änderung zu erwarten. Und außerdem: er wird sich nicht ändern.

Wenn Du weiterhin von Deinem **Vater** erwartest, daß er sich ändert, dann wird wahrscheinlich folgendes geschehen: An dem Tage, an dem er stirbt, wird er jene drei Dinge tun oder sagen, die Du noch nie ausstehen konntest, die Du nie akzeptiert hast, die nie für Dich in Ordnung waren, in denen er sich nach Deinem Wunsche immer hätte ändern sollen. Und dann wird er sterben. Er wird Dich da stehen lassen, und Du kapierst, was für ein Dummkopf du warst, Deine Anerkennung zurückzuhalten, bis er sich geändert hätte.

Ihm Deine Anerkennung dafür zu entziehen, daß er seine Aufgabe erfüllt hat und Dich absolut geliebt hat, das funktioniert nicht. Wenn Du das nicht weißt, dann ist es unwahrscheinlich, daß Du mit Deinem **Vater** authentisch wirst.

In Deiner Beziehung zu Männern völlig authentisch zu werden, bedeutet, Deinen **Vater** in Deinem Erleben zu einem Heiligen zu machen. Das ist ein großer Auftrag für eine **Person**, die ein gut einstudiertes Stück darüber hat, wie **Vater** seine Aufgabe nicht, und/oder auf die falsche Weise erfüllt hat.

Einige religiöse Orden haben genaue Merkmale dafür, wer ein Heiliger ist und wer nicht. Einige fordern, daß drei Wunder vollbracht werden müssen. Dieser Mann hat Dich als Vater in die Welt gebracht. Du bist ein Wunder, das ist also Nummer eins. Er hat es mit Dir ausgehalten, und Dich leben lassen, das ist Nummer zwei. Wenn Du den

Standpunkt annimmst, daß Liebe absolut ist, dann wird offensichtlich, daß Dein **Vater** Dich liebte, und zwar so sehr liebte, wie er Dich nur lieben konnte. Dies ist das dritte Wunder.

Also kommen wir zurück auf diese grundlegende Frage: Wie beabsichtigst Du, Liebe zu erleben? So, als ob sie Gegenteile hätte? Oder so, als ob er nicht ein harter Typ hätte sein können und zugleich Dich lieben? Hier hast Du die Wahl, mit **Vater** authentisch zu werden. ■

Wachsamkeitsübung

1. Was war die Entscheidung, daß **Vater** seine Sache nicht oder nicht richtig machte?

2. Was ist der Beweis dafür, daß **Vater** seine Aufgabe erfüllt hat?

3. Was hast Du von Deinem **Vater** erwartet?

4. Hat Dein Vater ein Anrecht auf seine eigene Art, sich auszudrücken?

5. Wann wird sich Dein **Vater** ändern?

6. Was ist der Zweck, wenn Du einem **Vater** die Anerkennung entziehst?

7. Welche drei Wunder hat Dein **Vater** vollbracht?

Antworten Seite 269

Kapitel 7

Anerkennung für Vater

Anerkennung zu geben, erfordert nicht, daß Du Dich „danach fühlst". Vielleicht fühlst Du Dich nicht danach, bis Du die Anerkennung ausgesprochen hast, und vielleicht wirst Du Dich nie danach fühlen.

In der Anerkennung für **Vater** stehst Du schon wieder einem System gegenüber, das Dich ausschließt. Weil Du all' die Jahre in Deinen Urteilen über ihn so rechthaberisch gewesen bist, bist Du nicht in authentischer Beziehung zu ihm. Mit anderen Worten: Als Du die natürliche Anerkennung weggenommen hast, die ein Kind für einen **Vater** hat, hast Du die Beziehung zu ihm verlassen.

Du kannst jemandem, mit dem Du nicht in einer authentischen, also wahrhaftigen Beziehung bist, keine wirksame Anerkennung geben. Und Du bist nicht in einer authentischen, wahrhaftigen Beziehung zu Deinem **Vater**, weil Du an irgendeinem Punkt aufgehört hast, die Wahrheit anzuerkennen, daß er seine Aufgabe der Vaterschaft für Dich erfüllt hat, und weil Du aufgehört hast, seine **absolute Liebe** für Dich anzuerkennen.

Und wieder ist der Schlüsel zur Öffnung dieses schlauen Systems, das Du geschaffen hast, und welches Dich ausschließt: Den Standpunkt einzunehmen, daß Liebe in all' ihren unterschiedlichen Formen absolut ist, also keine Gegensätze hat. Das bringt aus sich selbst in Dir eine authentische Anerkennung hervor, die Dich wieder in eine wahrhaftige Beziehung zu ihm versetzt. Das wiederum ermöglicht Dir, der Anerkennung eine Stimme zu geben.

Falls Du es vergessen hast, will ich hier etwas wiederholen: Du mußt die **Persönlichkeit** einer **Person** nicht mögen, um diese **Person** anzuerkennen. Du mußt Dich nicht einmal „danach fühlen“, um Anerkennung zu geben. Um eine Person anzuerkennen, brauchst Du nur die Worte auszusprechen.

Wenn Du willst, kannst Du weiterhin diese **Persönlichkeit** nicht mögen, und Dir wünschen, daß er sich verändern möge, was er natürlich niemals tun wird. Du wärst ein Narr, das zu tun, aber es ist nicht notwendig, daß Du Deinen Standpunkt über diese **Persönlichkeit** änderst, um ihn anzuerkennen.

Vielleicht kann eine wirksame Anerkennung nicht bei einer einzigen Gelegenheit gegeben werden. Wahrscheinlich hast Du Dich in den Augen Deines **Vaters** so lächerlich gemacht, daß er nicht glauben wird, daß Du aufgewacht bist. Vielleicht mußt Du sie ständig wiederholen, bis er sieht, daß er die reine Ware Anerkennung vor sich hat. Ich habe fünf Jahre gebraucht, meine Anerkennung meinem **Vater** vollständig zu seiner Zufriedenheit zu überbringen, so daß er wußte, daß ich endlich aufgewacht war.

Viele Väter warten lebenslang, und einige leben nach dem Zeitpunkt ihres natürlichen Todes weiter, um auf diese Anerkennung zu warten. Es ist das eine Ding, das sich ein **Vater** mehr wünscht, als alles andere in der Welt. Aber viele Väter gehen ohne in's Grab. Wenn Du es tun willst, dann tue es jetzt, zaudere nicht.

Wenn Dein **Vater** nicht mehr lebt, kein Problem. Anerkenne ihn wie in einem Gebet. Anerkennung ist ein Prozeß, die Wahrheit in Dir zu sagen, und das kannst Du genausogut in einem Gebet. Wenn er noch lebt, dann äußere Deine Anerkennung direkt persönlich, oder schriftlich, oder telefonisch, bis Du siehst, daß er es mitbekommen hat.

Ich möchte noch einmal betonen, daß Du Dich nicht danach fühlen mußt, um den Prozeß der Anerkennung zu beginnen. Vielleicht ist Dir gar nicht danach, aber fange jedenfalls an. Wenn der Standpunkt über die Absolutheit von Liebe nicht stärker ist als Deine Gefühle, dann hast Du den Standpunkt nicht wirklich angenommen. Wenn Du Deinem Leben eine Richtung gibst, dann werden Deine Gefühle am Ende dieselbe Richtung haben. Die Anerkennung, die Du gibst, wird einen Prozeß in Gang setzen, an dessen Ende Du Dich „danach fühlen“ wirst, aber darum geht es gar nicht.

Wenn Dein **Vater** noch lebt, eines Tages wird er sterben. Kann Deine Weigerung, ihn anzuerkennen, angesichts des Todes bestehen? ■

Wachsamkeitsübung

1. Was ist erforderlich, um eine wirksame Anerkennung zu überbringen?

2. Wie wird das erreicht?

3. Um ihn anzuerkennen, mußt Du dafür seine **Persönlichkeit** mögen?

4. Wenn Dein **Vater** nicht mehr lebt, wie kannst Du ihn anerkennen?

Antworten Seite 270

ARBEITSBLATT

Zu Deiner Erinnerung hier eine Übersicht des Materials in diesem Buch:

Buch V: Vater – Des Einzelnen Beziehung zu allen Männern

1 Die harte Schale und der weiche Kern
2 Die Aufgabe eines Vaters
– Eine Vision haben
3 Der Sündenbock
4 Erschaffen, wer Du bist
– Herausfinden, wer Du nicht bist
5 Die Vater-Liste
– Was ist ein Mann?
6 Authentisch werden mit Vater und mit Männern
7 Anerkennung für Vater

Einsichten in mein eigenes Leben, die ich aus dem Lesen von Buch V gewonnen habe:

1.

2.

3.

4.

5.

Welche auf diesen Einsichten beruhende Handlungen plane ich, einschließlich des Zeitpunktes, zu dem jede einzelne vollendet sein wird:

1.

2.

3.

4.

5.

BUCH VI

Persönlichkeit und Veränderung

Veränderung ist nicht nur unwahrscheinlich, sie ist ohnehin nicht das, wonach Du suchst, obwohl die Illusion stark ist, daß Veränderung einen Unterschied machen würde. Du suchst danach, was einen Unterschied machen würde.

BUCH VI

PERSÖNLICHKEIT UND VERÄNDERUNG

Kapitel 1

Die Antwort

Wenn Du eine Antwort hättest, die alle Fragen beantworten würde, das würde Dir eine Menge Herumrennerei ersparen, oder?

Ich weiß, weshalb Du diesen Band liest. Du willst etwas Neues lernen, um Dich zu verändern und das Leben lebenswerter zu machen. Ich habe ein paar schlechte Nachrichten für Dich. Nummer eins, Du wirst Dich ohne göttliches Eingreifen nicht verändern, und Nummer zwei, wenn Gott eingriffe, und Du Dich so verändern würdest, wie Du zu wollen glaubst, dann würdest Du das Ergebnis Deiner Veränderung nicht mögen. Um die schlechten Nachrichten fortzusetzten: Eine Veränderung in Deinem Leben interessiert mich überhaupt nicht, und ich biete keine Techniken zur Veränderung an.

Der gesamte Antrieb meiner Arbeit und meines Lebens ist, das Leben so zu machen, wie es ist. Wir haben die Schönheit des Lebens so weit verdeckt, daß es jetzt häßlich aussieht, und wir glauben, es verändern zu müssen. Ich habe keine Veränderungen vorzuschlagen. Vielmehr schlage ich vor, daß wir das Leben so sehen, wie es bereits ist, daß wir die Lügen über das Leben als solche entlarven. Das ist mit Transformation gemeint. Sie leugnet Veränderung nicht, da Veränderung selbst unveränderlich ist. Transformation existiert nur in einem anderen Reich als Veränderung. Sie drängt danach, das Leben authentisch zu machen, nicht es zu verändern.

Jedes Buch, das danach trachtet, Menschen die Gelegenheit zur Transformation eines Lebensbereiches zu geben, ist notwendigerweise wirkungslos, wenn der Autor nicht **die Antwort** hervorhebt. Mit **die Antwort** meine ich, daß diese **Antwort** ein Leben lang als Quelle für Antworten auf alle Lebensfragen dienen wird.

Machen wir uns nichts vor: wenigstens eine Chance, **die Antwort** zu finden, ist der einzige Zweck, der es möglicherweise für Dich lohnend machen könnte, Geld und Zeit in den Kauf und das Lesen dieses Buches zu investieren. Tatsache ist, daß viele Menschen an diesem Buch vorbeigehen werden, weil sie von so vielen Büchern zuvor enttäuscht worden sind, einfach weil **die Antwort** nicht da war.

Ich weiß also, weshalb Du dieses Buch gekauft hast, und weshalb Du es so sorgfältig studierst. Das ist derselbe Grund, aus dem Du auch Geld ausgeben und Zeit aufwenden würdest für den Besuch eines Kurses, Seminars oder Trainings: um **die Antwort** zu bekommen.

Das ist wirklich unglaublich – Menschen gehen wer weiß wo hin, geben jeden Geldbetrag aus, tun alles, um eine Chance auf **die Antwort** zu bekommen. Daß sich **die Antwort** nicht zeigt, wird diese Menschen nicht davon abhalten, es wieder zu versuchen. Ich habe Seminarleiter gesehen, die nichts anderes tun, als den Namen ihres Seminars zu verändern, damit Fortgeschrittene wieder daran teilnehmen. Und was mich betrifft, ich füge einfach einen weiteren Tag hinzu, und schon sind sie alle wieder da.

Wenn Du Dir den Inhalt dieses Bandes anschaust, da gibt es einige gute Kandidaten für **die Antwort**, **absolute Liebe** zum Beispiel. Oder vielleicht **Aufrichtigkeit**, oder **Vollendung von Beziehungen**, oder eine Anzahl anderer Dinge, die noch kommen. Nichts davon ist **die Antwort**. Sie entspringen nur **der Antwort**.

Die **Antwort** ist übrigens das eine Ding, das ein Meister Dir nicht sagen wird, denn nach **der Antwort** ist der Meister nicht mehr der Meister – Du wirst der Meister, und brauchst keinen anderen mehr.

So, und jetzt werde ich Dir ohne viel Aufhebens **die Antwort** geben, die Seminare und Bücher überflüssig machen wird. **Die Antwort** ist: Wenn der Seminarleiter sie Dir gäbe, und Du sie wirklich mitbekämst, dann wär's das gewesen auf dem Seminar, und es gäbe keine weiteren Seminare mehr.

Die Antwort ist jedenfalls sehr schwer zu begreifen. Ich werde sie Dir geben, und ich sage voraus, daß Du sie wahrscheinlich nicht begreifst. Wahrscheinlich wirst Du sie fehldeuten, und weitersuchen. Nun denn, obwohl ich weiß, daß Du sie vermutlich verpassen wirst, hier ist sie. **Die Antwort** ist: **Es gibt keine Antwort.**

Ich will mich damit nicht über Dich lustig machen, sondern ich meine wirklich, daß dies **die Antwort** ist. Wenn Du dies begreifst, dann werden sich die Antworten auf Deine Lebensfragen ohne Anstrengung von selbst zeigen. In „**Es gibt keine Antwort**“ steckt Weisheit und Bedeutung, die zu entdecken es eines ganzen Lebens bedarf. Um dies zu erkennen, brauchst Du nur durch Deine Kraft diese **Antwort** auf alle Fragen und Quelle aller Antworten zu ermöglichen. ■

Wachsamkeitsübung

1. Was wird für Deine Veränderung gebraucht?

2. Was werden Menschen für die **Antwort** tun?

3. Was ist die **Antwort**?

Antworten Seite 270

Kapitel 2

Muster

Es reicht nicht, zu sagen, daß das Leben Muster hat. Treffender gesagt ist das Leben selbst ein Muster.

Der Grund, warum die meisten von uns sich verändern wollen: Früher oder später erkennen wir, daß unser Leben keine neue Schöpfung ist; daß jede neue Erfahrung nicht wirklich neu ist, sondern eine Wiederholung von früheren Erfahrungen.

Diese Einsicht, kombiniert mit zwei Irrtümern, läßt das Veränderungsbedürfnis entstehen. Diese beiden Irrtümer sind: (1) „Veränderung ist möglich ohne allzu große Mühe", und (2) „Ich wäre glücklicher, wenn ich mich auf eine bestimmte Art verändern würde".

Keine der beiden Annahmen stimmt. Und doch behandeln wir sie, als seien sie so wahr, daß sie nicht einmal mehr der Untersuchung bedürften. Wenn Du Dir die Mühe machst, diese Annahmen zu untersuchen, wirst Du erkennen, daß sie beide nicht stimmen.

Im Bereich der **Mann/Frau Beziehung** sind Muster weit verbreitet und üblich. Wenn Du wirklich hinsiehst, wirst Du erkennen, daß Du nicht mehr als eine Beziehung mit einer Person des anderen Geschlechts hattest. Was Du für die zweite, dritte, vierte, usw., Beziehung gehalten hast, waren in Wirklichkeit verkleidete Neuauflagen von Nummer eins. Nach der ersten Beziehung gibt es null Möglichkeit für eine neue Beziehung.

Im Verhalten sind menschliche Wesen nur komplexere Ratten. Ich meine damit: Genau wie Ratten den Weg durch ein Labyrinth lernen können, wenn es am Ende eine Belohnung gibt, so können menschliche Wesen Entscheidungs-, Verhaltens- und Erlebensmuster lernen, wenn es für diese Muster eine Belohnung gibt.

Ratten sind besser dran als wir. Da sie weniger komplex sind, werden sie schließlich ein Muster ver-lernen, das nicht mehr wirkt. Die Gehirnzellen von uns Menschen aber sind so gut verdrahtet, daß ein einmal gelerntes Muster für Veränderungen praktisch nicht mehr zugänglich ist – es sei denn, durch Zerstörung des Systems selbst.

Mit anderen Worten: Wenn Du ein menschliches Wesen bist, dann mußt Du sterben, um sicherzugehen, daß ein bestimmtes Muster beendet ist. Dies ist der Grund, warum nur menschliche Wesen und wenige andere der intelligentesten Lebensformen, gelegentlich Selbstmord als Verhaltensantwort auf das Leben zeigen. Goldfische werden nicht depressiv, hoffnungslos oder wollen ihrem Leben ein Ende setzen. Noch wünschen sie Veränderung.

Der Witz ist, daß Veränderung nicht wirklich das ist, wonach die Menschen suchen. Was die Menschen suchen, ist das Erleben von Befriedigung. Aber das erreicht man nicht durch Veränderung, sondern vielmehr durch Transformation dessen, was da ist. Ein anderer Ausdruck für „Transformation dessen, was da ist“ ist „Hingabe“. Das führt uns zum nächsten Kapitel. ■

Wachsamkeitsübung

1. Welche beiden Gedanken lassen den Wunsch nach Veränderung entstehen?

2. In ihrem Verhalten sind Menschen: was?

3. Wie unterscheiden sich Menschen von Ratten?

4. Wonach suchen wir wirklich?

Antworten Seite 270

Kapitel 3

Hingabe

Hingabe ist ein Friede, der nicht erklärt werden kann. Sie ist ein Wohlgefühl, das über jegliche Beschreibung hinausgeht. Und um dahin zu kommen, gibt es keine andere Anweisung als die, ihr keinen Widerstand zu leisten.

Wenn es einen Ort gäbe, zu dem man gehen und eine Veränderung an sich selbst kaufen könnte, würden die meisten von uns zuallererst eine Veränderung der **Persönlichkeit** kaufen. Meistens wohnt unser härtester Kritiker in uns. Um diesen **Kritiker** zum Schweigen zu bringen, würden wir jeden Preis zahlen. Wir denken, das Leben würde sich wenden, wenn wir nur den **inneren Kritiker** beschwichtigen könnten. Nur wenige von uns schauen jemals hin, um zu erkennen, daß der **innere Kritiker** selbst die Quelle des Problems ist.

Natürlich wohnt da nicht wirklich ein Kritiker irgendwo in Dir, aber es ist hilfreich, sich ihn für einen Moment so vorzustellen. Was in Dir wohnt, bist Du. Mit anderen Worten: Du bist der **Kritiker**. Deine schärfste Kritik bezieht sich auf die Art, wie Du bist. In demselben Maße, wie Du damit unglücklich bist, wirst Du mit der Art anderer Menschen unglücklich sein.

Tatsächlich ist das, was Du zu verändern Dir am meisten wünschst – der unangenehme Teil Deiner **Persönlichkeit** –, nichts anderes als eine Sammlung von Denk-, Gefühls- und Verhaltensmustern, die Du bei Anderen gesehen zu haben glaubst. Muster, die Du nach Deiner Entscheidung für das Überleben brauchtest, obwohl Du beschlossen hattest, sie als „nicht in Ordnung“ zu befinden. Um Dir selbst die große Möglichkeit zur Bearbeitung dieser Charakterzüge zu geben, die „nicht in Ordnung“ sind, hast Du sie in Dir selbst entwickelt. Und zwar wahrscheinlich in Beziehung zu Deinen Eltern, bei denen Du diese Züge zuerst festgestellt zu haben glaubtest.

Vieles von dem, was Du bist, sind diese Züge und Dein Widerstand dagegen, gegen den Du Dich wiederum so stark wehrst. Auch Dein Widerstand kann Deine **Persönlichkeit** verändern. Wenn beispielsweise Ärger einer Deiner Charakterzüge ist, die Du nicht akzeptierst, dann kannst Du damit fertig werden, indem Du eine sehr, sehr nette Person wirst, auf Kosten Deines eigenen authentischen Selbst-Ausdrucks. Mit anderen Worten: Deine **Persönlichkeit** wird ein Schauspiel.

Die entscheidende Frage zu all' dem ist: „Was können wir da tun?". Die Antwort, die aus **der Antwort** (aus Kapitel 1 dieses Abschnitts) kommt, lautet: **Nichts**. Nach dem oben gesagten hat die Antwort „**Nichts**" die Bedeutung von Hingabe. Das ist ein Friede, dessen Tiefe und Erleben unvorstellbar ist.

Nachdem ich das gesagt habe, wirst Du folgendes damit machen: Du wirst beschließen, daß Hingabe **die Antwort** ist; daß Du Dich ändern mußt, bis Du Dich hingegeben hast, oder alternativ Dich hingeben, bis Du Dich geändert hast. Das ist das einzige, was Du damit machen kannst, weil das Deinem Muster entspricht.

Die wahre Bedeutung von Hingabe ist: All' das ausleben, samt Deinen übrigen Mustern, und zwar ohne Widerstand; es sei denn, natürlich, wenn Widerstand ein Muster ist: dann darfst Du, um Hingabe zu erreichen, Deinem Widerstand nicht widerstehen; natürlich außer, wenn Du das doch tust: dann widersetze Dich dem nicht.

Das klingt wie Hokus-Pokus. Ist es aber nicht. ■

Wachsamkeitsübung

1. Wer ist Dein härtester Kritiker (vielleicht)?

2. Was willst Du dagegen machen?

3. Woher kamen ursprünglich die unangenehmen Teile Deiner **Persönlichkeit** ?

4. Was kannst Du mit Deiner **Persönlichkeit** dagegen tun?

5. In welcher Beziehung hast Du den größten Teil deiner **Persönlichkeit** entwickelt?

6. Wie wirkt es sich auf Deinen authentischen Selbst-Ausdruck aus, wenn Du mit Deiner **Persönlichkeit** so umgehst, daß Du das abwehrst, was Du nicht magst?

7. Wie kannst Du **Hingabe** erreichen?

Antworten Seite 270

Kapitel 4

Die wahre Bedeutung von Erleuchtung

Wahre Erleuchtung ist einfach und leicht zu verstehen. Dieser Guru-Hokuspokus jedoch wird Dir Probleme machen.

Jetzt, nach der obigen Diskussion, ist ein geeigneter Zeitpunkt, die Angelegenheit mit der Erleuchtung zu klären. Es ist in der Tat nützlich, Deine eigene Erleuchtung in Beziehung zum anderen Geschlecht zu entdecken. Das gilt auch im Rest Deines Lebens (wenn Du berücksichtigst, was die **Mann/Frau Beziehung** alles umfaßt, dann bleibt natürlich für den „Rest" nicht viel übrig).

Wenn ich eine große Gefolgschaft haben wollte (ich kenne einige Wenige, die eine haben), würde ich Dir erzählen, daß ich einst einen großen Blitz göttlichen Lichtes gesehen habe, und daß danach mein Leben nicht mehr dasselbe war. Das wäre nicht nur eine Lüge, es wäre auch ein Betrug, und noch schlimmer: es wäre für Dich wertlos, wenn ich Dir nicht sagen könnte, wie Du Deinen eigenen großen Lichtblitz bekommst. Gurus sind fantastisch darin, einen großen Lichtblitz gesehen zu haben, und ziemlich schwach darin, anderen zu sagen, wie sie ihren eigenen großen Blitz erlangen können.

Wahre Erleuchtung ist nichts anderes als ein herzliches und häufiges Lachen über das **Spiel des Lebens**, angefangen mit dem Spiel, das „**Dein Leben**" heißt. Wenn die ersten drei Kapitel dieses Abschnitts nicht eine Gelegenheit sind, herzlich über Dich selbst zu lachen – eine auf Veränderung erpichte **Persönlichkeit**, die sich nicht ändern kann –, dann bist Du vielleicht ein hoffnungsloser Fall. Du kannst nicht einmal den Glauben ändern, daß Du Dich ändern kannst – das ist komisch!

Wenn Du weißt, daß das Universum ein unglaublicher Spaß ist, nicht ein spöttischer Witz ohne Respekt, sondern ein übermütiger, andauernder Scherz, dessen Pointe Du bist, dann bist Du erleuchtet. Und das ist alles. Bis heute haben die, die es wußten, es nicht gesagt. Wenn sie es gesagt hätten, hätte das nämlich ihr Guru-sein beendet. Ich erzähle es Dir gern, da ich ohnehin nie Dein Guru sein wollte. ■

Wachsamkeitsübung

1. Was ist wahre Erleuchtung?

Antworten Seite 270

ARBEITSBLATT

Zu Deiner Erinnerung hier eine Übersicht des Materials in diesem Buch:

Buch VI: Persönlichkeit und Veränderung
1 Die Antwort
2 Muster
3 Hingabe
4 Die wahre Bedeutung von Erleuchtung

Einsichten in mein eigenes Leben, die ich aus dem Lesen von Buch VI gewonnen habe:

1.

2.

3.

4.

5.

Welche auf diesen Einsichten beruhende Handlungen plane ich, einschließlich des Zeitpunktes, zu dem jede einzelne vollendet sein wird:

1.

2.

3.

4.

5.

BUCH VII

ES SAGEN, WIE ES IST

Zu hören, wie es ist, wird Dir nicht gefallen. Die einzige Art, es erträglich zu machen, ist, sich zu vergegenwärtigen, wie unglaublich komisch es ist.

BUCH VII

ES SAGEN, WIE ES IST

1 Der Klub
 – Vorherrschaft
2 Die Hilfsgemeinschaft
 – Gemein: Der Preis für Vorherrschaft
3 Das Potential für Gewalt
 – Das wahre Thema
4 Die Rolle von Märchen
5 Wonach jeder Mann sucht
 – Eine nette jungfräuliche Prinzessin
6 Wonach jede Frau sucht
 – Ein Nicht-Macho Prinz
Arbeitsblatt

Kapitel 1

Der Klub

Vorherrschaft

Männer beherrschen Frauen. Wenn Du nicht geschafft hast, das zu bemerken, dann solltest Du aus Deiner Siesta zurückkommen.

Falls Du es noch nicht gemerkt hast: Männer beherrschen Frauen. Wenn es Dir nicht gelungen ist, das zu bemerken, dann bist Du entweder nicht aufmerksam, oder Du bist noch nicht sehr lange hier, oder Du lebst in einem Märchen. Und, falls Du das noch nicht gemerkt hast: Frauen sind darüber ziemlich unglücklich (mehr darüber im nächsten Kapitel).

Es ist so, als ob jeder Mann eine **Karte** bei sich trüge, die ihn berechtigt, irgendwo in der Welt herumzureisen und dabei bestimmte Privilegien zu genießen, einfach weil er ein Mann ist. Wenn Du als Mann geboren bist, dann bist Du mit dieser **Visitenkarte** geboren. Anders als Deine anderen Karten, kannst Du diese nicht verlieren. Du brauchst sie nicht zu zeigen. Tatsächlich wird es sogar als indiskret betrachtet, wenn Du sie zeigst. Du mußt nur so aussehen, als ob Du eine hast. Diese **Karte** ist nichts anderes als ein kleinens fleischenes Anhängsel, mit dem jeder Mann geboren wurde. Indem sie so erscheinen, als ob sie eine dieser **Karten** hätten, haben aufgrund nahezu einmütiger Zustimmung Männer Privilegien.

Wenn Du ein Mann bist, probiere dies: Gehe mit einer Frau in's Hotel. Von wem wird erwartet, daß er sich einträgt? An wen richtet sich der Page, und wer wird ignoriert. Oder gehe in ein Restaurant mit einer Frau. Von wem wird erwartet, daß er den Tisch wählt? Wer probiert, ob der Wein in Ordnung ist? Von wem nimmt man an, daß er das Geld hat, wer erhält also die Rechnung? Diese Art von Privilegien ist in den Kulturen der Welt so verwurzelt, daß wir darüber nicht nachdenken müssen. Tatsächlich ist es besser, nicht nachzudenken, damit man in ihren Genuß kommt.

Männer **beherrschen** Frauen – ökonomisch. Versuche, als Frau eine Kreditkarte zu beantragen. Sieh Dir die Tatsache an, daß nach mehr als 20 Jahren militantem Feminismus Männer immer noch für dieselbe Arbeit deutlich mehr Geld bekommen als Frauen. Bedenke, daß die von Frauen beherrschten Berufe, wie Schule, Krankenpflege, Kindergarten, immer noch die mit der schlechtesten Bezahlung sind.

Männer, hört hin! Frauen sind zornig über dieses Thema mit Männern und Geld – wesentlich zorniger, als ihr erwartet habt. Wußtest Du, daß in den Vereinigten Staaten von Amerika heute 70 % der Menschen unterhalb des sozialen Minimums weiblich sind? Das ist sogar noch mehr, als vor 20 Jahren! Frauen sind zornig, meine Herren, und zwar aus gutem Grunde. Dieser Zorn wird sich in Deiner Beziehung zu Frauen zeigen, das verspreche ich Dir.

Offensichtlich ist eine Art Verschwörung im Gange, aber das ist nichts neues. Es gibt sie schon seit vielen tausend Jahren, seit der Dämmerung des technischen Zeitalters. Es ist so, als ob alle Männer eine besondere Beziehung zueinander hätten, deren Zweck es ist, männliche Vorherrschaft, und damit die Privilegien, aufrechtzuerhalten. Ich will damit nicht sagen, daß dies eine bewußte Verschwörung sei, als ob alle Männer einen Schwur der Mitgliedschaft und ein Schweigegelübde ablegten. Sie ist feiner als das, also wirksamer und beständiger.

Ich habe gewählt, diese von allen Männern geteilte unbewußte Beziehung, deren Zweck die Erhaltung von Privilegien ist, **den Klub** zu nennen. Für die Mitgliedschaft in **dem Klub** ist nur erforderlich, daß Du ein Mann wirst. Wie wir gesehen haben, werden alle Jungen zu Männern, indem sie die Gedanken werden „Ich bin besser, schneller, stärker und klüger" (vgl. Buch I, Kapitel 4). Also, der Zweck **des Klubs** ist die Erhaltung von Privilegien – und alle Männer sind Mitglieder. Jungen sind keine Mitglieder, und tatsächlich unterscheidet **der Klub** nicht zwischen

Jungen und Mädchen – in den Augen **des Klubs** sind sie alle Kinder.

Dieser **Klub** hat eine Geschichte, die wir uns für später aufheben (Buch VIII, Kapitel 4). Für jetzt ist nur notwendig, daß Du ohne allzugroßen Widerstand Deinerseits siehst, daß Männer Frauen beherrschen. Ich will nicht darüber urteilen, sagen, daß wir es ändern oder uns darüber entrüsten sollten. Für jetzt nimm einach zur Kenntnis, daß ich behaupte, daß das wahr ist. ■

Wachsamkeitsübung

1. Auf welche Weisen beherrschen Männer die Frauen?

2. Wie nennen wir die Beziehung, die alle Männer miteinander teilen, und deren Zweck die Erhaltung von Privilegien ist?

3. Wer ist für die Mitgliedschaft in **dem Klub** qualifiziert?

4. Was ist ein „Mann“?

Antworten Seite 271

Kapitel 2

Die Hilfsgemeinschaft

Gemein: Der Preis für Vorherrschaft

Frauen tricksen Männer aus, dauernd, täglich. Dennoch haben Männer, da sie denken, klüger zu sein, das noch nicht bemerkt. Das größte Geheimnis über Männer ist für Frauen, wie Männer nur so dumm sein können.

Jede Frau hat die Tatsachen des vorigen Kapitels bemerkt. Jede Frau hätte das Kapitel schreiben können – in ihren eigenen Worten natürlich. Es wurde für Männer geschrieben, nicht für Frauen. Nicht nur hat jede Frau die bestehende Vorherrschaft bemerkt, jede Frau hat tatsächlich schon etwas dagegen unternommen, oder plant, etwas dagegen zu unternehmen.

Was Frauen getan haben, ist, eine wesentlich bewußtere Organisation zum Umgang mit **dem Klub** zu formen, und jede Frau ist Mitglied. Da diese Organisation eine Antwort auf **den Klub** ist, will ich den Begriff **die Hilfsgemeinschaft** dafür einführen. Alle Frauen sind **Schwestern** in **der Hilfsgemeinschaft**, genau wie alle Männer **Brüder** in **dem Klub** sind.

Die Mitgliedschaft in **der Hilfsgemeinschaft** erfordert, eine Frau zu sein. Mädchen sind nicht berechtigt. Während Männer zur Macho-Haltung werden, um die Mitgliedschaft in **dem Klub** zu erwerben, werden Frauen Mitglieder in **der Hilfsgemeinschaft**, einfach indem sie merken, wozu Männer fähig sind. Unter all den Frauen, die das gemerkt haben, gibt es eine spezielle Beziehung, zu der kein Mann eingeladen ist.

Frauen haben nicht untätig herumgesessen, während Männer ihre Privilegien aufrechterhielten. **Die Hilfsgemeinschaft** wurde entworfen, um die einzelne Frau dabei zu unterstützen, aus dem einzelnen Mann einen gerechten Preis für die bloße Existenz **des Klubs** herauszuholen. Dieser Preis ist in dem Wort „**gemein**" verpackt. **Gemein** ist ein Kürzel für jeglichen Racheakt an einem Mann, ausgeführt von einer Frau aus dem Groll heraus, den Frauen gegen Männer hegen, weil sie Männer sind und Privilegien aufrechterhalten. Das erklärt fast alle Rache, die Frauen an Männern nehmen.

In einer engen Beziehung haben also einzelne Männer den Preis für die Existenz **des Klubs** direkt an einzelne Frauen zu bezahlen. Um diesen Preis zu zahlen, muß der einzelne Mann nichts anderes tun, als ein Mann zu sein (das erklärt eine Menge, nicht wahr Männer?). Aber, wann zahlen Männer diesen Preis? Bestimmt nicht am Anfang einer Beziehung.

Am Beginn einer Beziehung ist ein Thema Vertrauen, oder der Mangel von Vertrauen. Frauen wissen, was Männer wünschen, viel mehr, als Männer wissen, was Frauen wünschen. Frauen wissen beispielsweise, daß ein Mann nicht eine gemeine Frau sucht, ganz im Gegenteil. Er sucht eine nette Frau, als ob es irgendwo eine gäbe.

Also überhäuft die Frau am Beginn einer Mann/Frau-Beziehung den Mann mit einer Menge „**Nett**", bis sie darauf vertraut, daß er nicht wieder geht. Das ist starkes Zeug für einen Mann, der lange genug dabei ist, um zu wissen, daß es nicht nur einige wenige gemeine Frauen gibt, aber noch nicht lange genug, um zu wissen, daß es überhaupt keine andere Art von Frau gibt.

Nun, die Beziehung schreitet fort, und er macht viele Liebeserklärungen. Dann kommt der Beweis für seine Liebe, den sie annehmen wird: wahrscheinlich wird er ihr das anvertrauen, was für ihn am kostbarsten ist – seinen Besitz. Während sie sich zunehmend gewiß wird, daß er bleiben wird, fühlt sie sich seiner Liebe und Ergebenheit sicher genug, nun auch die Wut mit ihm zu teilen, die für sie immer da war. Diese Wut wird vielleicht nicht direkt gegen ihn gerichtet, aber durch die Art, wie sie ausgedrückt wird, könnte es doch der Fall sein.

Wenn die Zeit vergeht, und das **Gemeine** entschiedener wird, fängt er an, über das Weggehen nachzudenken. An diesem Punkt hat die Frau die Wahl, das **Gemeine** abzumildern oder zu verstärken. Diese Wahl ist ihre Entscheidung, ihn zu halten oder nicht, denn wenn sie das **Gemeine** abmildert, kann sie ihn unendlich lange an der Leine halten. Wenn sie das **Gemeine** verstärkt, wird er gehen. Tatsächlich ist dies der Frauen liebste Methode, einen Mann loszuwerden, und ihn zugleich denken zu lassen, die Trennung sei seine Entscheidung gewesen.

Das ist es, was ein Mann in Beziehung zu einer Frau ist: Eine simple Maschine, die auswertet, wieviel **Nett** / wieviel **Gemein** er bekommt, und auf dieser Grundlage entscheidet, zu bleiben oder zu gehen, mehr nicht.

Männer glauben tatsächlich, wenn eine Frau gemein ist, bedeute dies, daß sie ihn nicht liebt. Die Wahrheit ist: Wenn eine Frau zu einem Mann gemein ist, dann zeigt das, daß sie gewählt hat, ihn zu lieben, und daß sie ihm mehr vertraut als anderen Männern. Ein Mann sollte sich sorgen, wenn sie aufhört, gemein zu sein, und sich wirklich Sorgen machen, wenn sie anfängt, zu dem Typen von nebenan gemein zu sein. ■

Wachsamkeitsübung

1. Wie nennen wir die Beziehung, die alle Frauen miteinander teilen, die bemerkt haben, wozu **der Klub** da ist?

2. Was ist **Gemein**?

3. Wovon bekommen Männer am Anfang einer Beziehung viel?

4. Wann wandelt sich **Nett** zu **Gemein**?

5. Wie kann eine Frau einen Mann halten?

6. Wie kann eine Frau einen Mann loswerden?

7. Wie deuten Männer **Gemein**?

Antworten Seite 271

Kapitel 3

Das Potential für Gewalt

Das wahre Thema

Männer beherrschen Frauen bereits durch die Tatsache überlegener Körpergröße und Kraft. Es bedarf keiner Handlung.

Wenn Du die Beziehung **Klub/Hilfsgemeinschaft** siehst, wie sie ist, dann hast Du vielleicht Fragen, wie all' das je entstanden sein kann. Der Ursprung der **Klub/Hilfsgemeinschaft**-Beziehung liegt tief in der Geschichte der Menschheit vergraben. Wir werden uns die Ursprünge später genau ansehen (Buch VIII, Kapitel 4 und 5). Zum jetzigen Zeitpunkt reicht es aus, zu sagen, daß das Potential für Gewalt etwas damit zu tun hat.

Es gibt einen Mythos, daß Männer Frauen deswegen beherrschen, weil sie eine bestimmte Art externer Geschlechtsorgane haben, die Frauen nicht haben. Männer *denken*, daß sie klüger seien, und deswegen Frauen beherrschen können. Nichts könnte von der Wahrheit weiter entfernt sein. Sitze keinem Irrtum darüber auf: Männer beherrschen Frauen, weil Männer größer und stärker sind als Frauen, und das ist der einzige Umstand hinter dieser Situation. Es ist nicht der Penis, es ist der Bizeps.

Männer brauchen ihren Kraft- und Größenvorteil nicht öffentlich einzusetzen, eben weil er so deutlich ist. Wenn Männer und Frauen sich in Größe und Kraft ähnlicher wären, gäbe es eine Menge mehr Gewalt zwischen den Geschlechtern. Das Potential für Gewalt ist jedenfalls immer da.

Zivilisierte Männer haben Schwierigkeiten, die Angst der Frauen vor Männern zu verstehen. Es ist dieselbe Angst, die jeder Junge erlebt hat, als er in der Hauptschule dem größeren, stärkeren, wilderen Schläger begegnete. Vielleicht hat er Dich nicht verprügelt, aber er hätte es tun können.

Also haben Frauen, in ihrer Angst vor Gewalt, zum Ausgleich die **Gemein-Methode** entwickelt. Und der Ausgleich ist hergestellt, nicht nur ungefähr, sondern mit großer Genauigkeit. Männer ernten, was sie säen, nur sind Männer eben zu dumm, das zu wissen.

Frauen haben Schwierigkeiten, zu glauben, daß Männer das nicht wissen. Tatsächlich glauben Frauen nicht, daß Männer wirklich so wenig über die **Mann/Frau Beziehung** wissen, wie sie nun mal wissen. Frauen glauben, daß Männer sich dumm stellen – einfach schwindeln, als eine Art, nicht verantwortlich zu sein.

In dieser Erörterung ist für Frauen die größte Neuigkeit, daß Männer wirklich so dumm sind. Wir schwindeln das nicht. Ungefähr so klug, wie irgendein Mann jemals aus der **Mann/Frau Beziehung** wird, das ist eine Würdigung der Tiefe seiner eigenen Dummheit. Und es gibt keine Ausnahmen. Damit das klar ist: Jede Frau, die möchte, kann jeden lebenden Mann austricksen, wenn sie nur eine kleine Chance bekommt. Ein Wort an die Klugen, meine Herren. ■

Wachsamkeitsübung

1. Was ist die Grundlage für männliche Vorherrschaft über Frauen?

2. Was ist der populäre Mythos, wie Männer Frauen beherrschen?

3. Was, denken Frauen, ist die Erklärung für männliche Dummheit?

Antworten Seite 271

Kapitel 4

Die Rolle von Märchen

Du wählst eine(n) Partner(in) im Alter von 20 oder 30 auf der Grundlage von Erzählungen, die Du mit zwei oder drei gehört hast.

Die vorigen drei Kapitel zeigen ziemlich viel von dem, wie es mit Mann/Frau steht. Mit dieser Landkarte kannst Du in dem Gelände umherwandern. Du wirst nicht viel von der Geschichte dieses Geländes verstehen. Bis Du etwas über die Geschichte weißt, wirst Du wenig Mitgefühl für das andere Geschlecht haben. Aber mit der Information kannst Du ohne großes Unglück in den Themen wandern. Das würde „in der Wirklichkeit über Mann/Frau leben" genannt.

Die wenigsten von uns leben jedoch in der Wirklichkeit über Mann/Frau. Es ist viel erregender, und viel gefährlicher, in einer Welt der Fantasie über das andere Geschlecht zu leben.

Als Du noch jung warst, gerade einige Jahre alt, da haben Deine Eltern Dir eine Reihe von Geschichten erzählt, um Dich zu unterhalten, um vor Dir Ruhe zu haben, um Dich in's Bett zu bekommen, usw. Sie hätten sich nie träumen lassen, daß Du diese Geschichten wörtlich nehmen würdest. Aber Kinder nehmen fast immer das – alles -, was die Erwachsenen sagen, als **die Wahrheit**. Wenn Du also einem Kind eine Geschichte erzählst oder vorliest, dann kannst Du darauf setzen, daß die Geschichte geglaubt wird.

Dies geschieht zu einer Zeit, in der Kinder wichtige Entscheidungen über das Leben treffen. Kinder entscheiden im Alter von nur wenigen Jahren, wie sie im Leben vorgehen wollen, um eine(n) Partner(in) des anderen Geschlechts zu finden. Es trägt ein bißchen zur Erhellung bei, zu erkennen, daß unsere Partnerwahl im Alter von 20 oder 30 auf Erzählungen beruht, die wir mit zwei oder drei gehört haben.

Und wenn Du diese Entscheidungen nicht mit zwei oder drei triffst, es ist noch nicht zu spät. Gehe einfach in einen gut gemachten Film, lehne Dich zurück und unterziehe Dich der Gehirnwäsche. Ich werde Dir ein Beispiel geben.

Als ich 26 Jahre alt war und einige Monate in San Jose (Costa Rica) verbrachte, sah ich mir dort den Film „Camelot“ an. Falls Du den Film nicht kennst: Er erzählt die Geschichte von König Arthur, Königin Genoveva, einer zerstörerischen Rothaarigen, und Ritter Lancelot du Lac. Lancelot und Genoveva verliebten sich wahnsinnig ineinander, und ihre Beziehung führt zu großem Unglück.

Am nächsten Tag traf ich, scheinbar zufällig, die allerschönste Rothaarige – natürlich verheiratet –, die ich je gesehen habe. Ich war völlig vernarrt in sie, und habe ein Jahr meines Lebens damit verbracht, dieses kleine Drama auszuspielen. Weißt Du, wie schwierig es ist, in Costa Rica eine Rothaarige zu finden?

Also, wenn Du die Märchen verpaßt hast, als Du zwei oder drei Jahre alt warst, keine Sorge – Du hast immer noch Zeit, Dich wirklich selbst zum Narren zu machen. Es ist nie zu spät. Sieh' Dir Camelot oder ein anderes Märchen für Erwachsene an. ■

Wachsamkeitsübung

1. Was tun Kinder mit Märchen?

2. In welchem Alter fängt man an, zu entscheiden, wie man einen Partner des anderen Geschlechts wählt?

3. Falls Du die Märchen verpaßt hast, gibt es später im Leben noch eine Gelegenheit, Dich selbst zum Narren zu machen? Wenn ja, welche?

Antworten Seite 271

Kapitel 5

Wonach jeder Mann sucht

Eine nette jungfräuliche Prinzessin

Ein Mann wünscht nur etwas, was es nicht gibt. Ist das denn zuviel verlangt?

Laß' uns einen Moment mit einer Frage verbringen. Vorausgesetzt, das Leben ist eine Art Überraschung, welche Dinge ereignen sich häufig genug, daß Du, wenn Du wetten müßtest, getrost darauf wetten könntest, daß diese Dinge geschehen? Auf dem Felde des Suchens und Findens eines(r) Gatten(in), könntest Du auf etwas wie das Folgende setzen:

„Es war einmal ein netter Prinz (oder Prinzessin) auf der Suche nach jemandem zum liebhaben. Diese Person suchte überall und fand endlich, nachdem sie durch eine Reihe von Beziehungen gegangen war, eine nette Prinzessin (oder Prinz). Nach viel hin-und-her, und einigen abgesagten Hochzeitsterminen, heirateten sie. Sie hatten nicht viel Geld und lebten in einem kleinen Häuschen, und bald nach der Hochzeit begannen sie, zu streiten. Die Zeit verging, und ihre Streitigkeiten wurden heftiger. Bald waren sie sehr enttäuscht voneinander, und gingen zur Eheberatung. Das half nicht, so ließen sie sich also scheiden und machten sich auf die Suche nach anderen Menschen. Sie gaben ihre Hochzeitsgeschenke nicht zurück. Sie waren sehr glücklich über die Art, wie sich alles entwickelt hat, und betrachteten es als eine wertvolle Lehre. Ende.“

Wenn dies das Märchen wäre, das Deine Eltern Dir erzählt hatten, und Du aufgebrochen wärest, Dein Leben auf der Grundlage dieses Märchens zu leben, dann wäre Dein Leben wahrscheinlich ein großer Erfolg, wenn Erfolg oder Fehlschlag danach beurteilt würde, wie weit sich Dein Leben dem Märchen nähert.

Sehen wir uns jetzt einmal ein Modell des Märchens an, von dem aus wir unser Leben zu leben versuchen.

„Es waren einmal ein Prinz und eine Prinzessin. Bis sie sich trafen, hatten sie sich für den (die) perfekte(n) Partner(in) bewahrt."

„Sie trafen sich auf einem königlichen Festball, verliebten sich sofort heftig ineinander, und heirateten. Sie hatten viele Kinder und lebten glücklich in einem großen Schloß. Sie arbeiteten nicht für ihren Lebensunterhalt, sondern lebten stattdessen von einem großen königlichen Erbe."

„Und wenn sie nicht gestorben sind, ... "

Wenn dieses Modellmärchen, oder eine Version davon, der Ausgangspunkt Deines Lebens ist, dann kannst Du mit einem sicher rechnen: Enttäuschung. Wenn Du den Erfolg Deines Lebens danach beurteilst, wie nahe es diesem Märchen kommt (, und wer tut das nicht?), dann wird Dein Leben nicht gut ausgehen.

Jeder Mann ist auf der Suche nach einer netten, jungfräulichen Prinzessin. In Anbetracht dessen, daß es keine netten Frauen gibt, die meisten Jungfrauen jünger als 18 sind (damit wird es zur strafbaren Handlung), und es, außer in Märchenbüchern, nicht mehr viele Prinzessinnen gibt, ist diese Suche zum Scheitern verurteilt. Mach' Dir nichts daraus. Ich werde nie darüber streiten, daß Männer klug seien. ■

Wachsamkeitsübung

1. Warum wird aus dem Leben nichts?

2. Wann wird irgendein Mann eine nette, jungfräuliche Prinzessin finden?

Antworten Seite 271

Kapitel 6

Wonach jede Frau sucht

Ein Nicht-Macho Prinz

Narren, Narren, so weit das Auge reicht.

Auf fast jedem Gebiet, das ich mir vorstellen kann, ausgenommen die Orientierung im Straßenverkehr, sind Frauen in der Regel Männern in der Intelligenz so sehr überlegen, daß es nicht gerecht ist, sie nach denselben Maßstäben zu beurteilen. Ganz bestimmt haben Frauen die Sache im Griff, wenn es darum geht, die Natur einer Beziehung zu durchschauen.

Obwohl Frauen eine Art von Intelligenz haben, von der Männer so wenig haben, daß wir nicht einmal verstehen können, was das ist, so haben Frauen doch eine verhängnisvolle geistige Schwäche. Genau so viel wie Männer glauben Frauen daran, daß ihre Märchen wahr werden. Kapiere das – jede Frau glaubt tatsächlich, daß es da draußen einen besonderen Prinzen gibt, nur für sie, und daß eine seiner vielen wundervollen Eigenschaften die ist, daß er nicht ein Macho-Heini ist wie all' die anderen Männer, die sie kennt.

Eine Frau weiß, daß ihr Retter, wenn sie ihm begegnet, bereits geübt sein wird – nicht durch eine andere Frau, um Himmels willen, nein, wie durch Zauberei; daß er keiner weiteren Unterrichtung mehr bedarf, und daß er sie für den Rest ihres Lebens glücklich machen wird. Sie glaubt, daß er nie ärgerlich sein wird, immer verständnisvoll, ganz zu schweigen von großartig im Bett, reich, unglaublich großzügig, und nie nach anderen Frauen schaut.

Wie ist das als Märchen? Fast alle Frauen, die ich kenne, gestalten ihr Leben aus einer Mischung von Aschenputtel, Schneewittchen und dem Froschkönig.

Männer und Frauen betreffend, mich eingeschlossen, habe ich zum Ende dieses Abschnittes eines zu sagen: Wenn der ein Narr ist, der erwartet, daß das Leben so ausgeht, wie es das bestimmt nicht tun wird, dann gibt es hier Narren, so weit das Auge reicht. ■

Wachsamkeitsübung

1. Auf welchem Gebiet bricht die Intelligenz von Frauen zusammen?

2. Wonach suchen Frauen?

Antworten Seite 271

ARBEITSBLATT

Zu Deiner Erinnerung hier eine Übersicht des Materials in diesem Buch:

Buch VII: Es sagen, wie es ist

1 Der Klub – Vorherrschaft
2 Die Hilfsgemeinschaft – Gemein: Der Preis für Vorherrschaft
3 Das Potential für Gewalt
– Das wahre Thema
4 Die Rolle von Märchen
5 Wonach jeder Mann sucht
– Eine nette jungfräuliche Prinzessin
6 Wonach jede Frau sucht
– Ein Nicht-Macho Prinz

Einsichten in mein eigenes Leben, die ich aus dem Lesen von Buch VII gewonnen habe:

1.

2.

3.

4.

5.

Welche auf diesen Einsichten beruhende Handlungen plane ich, einschließlich des Zeitpunktes, zu dem jede einzelne vollendet sein wird:

1.

2.

3.

4.

5.

BUCH VIII

Der Ursprung der Mann / Frau Beziehung

Viele unserer Reaktionen auf Situationen mit dem anderen Geschlecht sind automatisch. Sie sind unverständlich, bis wir uns vergegenwärtigen, daß wir für das Leben in einer völlig anderen Welt entworfen waren, als die, der wir uns nun gegenüber sehen.

BUCH VIII

DER URSPRUNG DER MANN/FRAU BEZIEHUNG

Kapitel 1

Wie lange ist fünf Millionen Jahre?

Wenn die Reise der Menschheit durch die Zeit bis in die Gegenwart als Länge von 2 km dargestellt wird, dann entspricht eine durchschnittliche Lebenszeit 2,5 cm.

Paläo-Anthropologen treiben den Zeitpunkt des angenommenen erstmaligen Auftretens der Menschheit auf der Erde stets weiter in der Zeit zurück. Die jüngste Schätzung ist fünf Millionen Jahre, oder 0,17% der Zeitspanne, vor der (vor rund drei Milliarden Jahren) das erste Leben auf der Erde erschien. Wahrscheinlich wird dieser Zeitpunkt noch weiter als fünf Millionen Jahre in die Vergangenheit getrieben werden. Aber laß' uns fünf Millionen als Arbeitsgrundlage nehmen und schauen, was wir über die **Mann / Frau Beziehung** erkennen können, die sich in diesem Zeitraum entwickelt hat.

Als erstes werden wir uns fragen: „Wie lange ist fünf Millionen Jahre?" Der **Verstand** kann mit dieser Zahl nichts anfangen, wenn wir ihm nicht beträchtlich helfen. Für uns ist es von entscheidender Wichtigkeit, diese Zahl zu erfassen. Du wirst das später sehen. Also wollen wir uns selbst einige Hilfe für den Umgang mit der Zahl fünf Millionen geben.

Zuerst zeichnen wir eine Linie und unterteilen sie in fünf gleiche Teile, deren jeder eine Million Jahre darstellt.

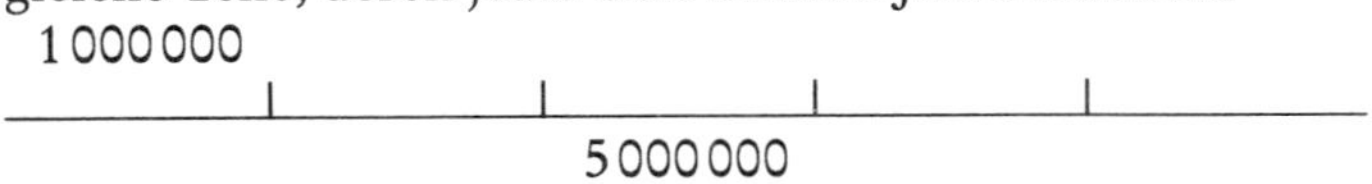

Als nächstes nehmen wir ein Fünftel dieser Strecke und vergrößern es auf die Länge der ersten Linie. Dabei vergegenwärtigen wir uns, daß es nur 1/5 dieser ersten Linie, also 1000000 Jahre repräsentiert. Dann unterteilen wir diese neue Linie wieder in fünf gleiche Abschnitte, deren jeder für 200000 Jahre steht.

2000000

1000000

Jetzt nehmen wir 1/5 dieser Strecke, und unterteilen sie in fünf gleiche Teile für je 40000 Jahre.

40000

200000

Wieder 1/5 dieser Strecke, ausdehnen auf die ursprüngliche Länge, unterteilen in fünf gleiche Teile, deren jeder jetzt 8000 Jahren entspricht. Das ist ungefähr der Zeitraum überlieferter Geschichte.

8000

40000

Wenn wir 1/5 dieser Strecke in fünf gleiche Teile für je 1600 Jahre unterteilen, erhalten wir diese Linie:

1600

8000

Dehne noch einmal ein Fünftel dieser Strecke aus, das 1600 Jahren entspricht, und unterteile es in fünf gleiche Teile, deren jeder für 320 Jahre steht. Das ist immer noch über 100 Jahre mehr, als seit der Amerikanischen Revolution an Zeit vergangen ist.

320

1600

Nach Ausdehnung eines Abschnitts, und nochmaliger Unterteilung in fünf gleiche Abschnitte, repräsentiert nun jedes Segment 64 Jahre, mehr als die mittlere Lebenserwartung weltweit.

64

320

Mit anderen Worten: Die durchschnittliche Lebenserwartung ist ⅕ von ⅕ von ⅕ von ⅕ von ⅕ von ⅕ von ⅕, oder 1/78'125 der gesamten Länge der Menschheitsgeschichte. Wenn ein 64 Jahre dauerndes Leben einer Strecke von 2,5 cm entspricht, dann wäre die übrige Zeit menschlicher Existenz bis heute rd. 2 km lang.

Falls Dein **Verstand** mit diesem Modell nichts anfangen kann, stellen wir uns diese Frage: Wieviele Generationen von Menschen führten zu dem menschlichen Experiment, das unter Deinem Namen läuft?

Das mittlere Gebär-Alter über die gesamte Menschheitsgeschichte wird zu ungefähr 20 Jahren angesetzt. Wenn wir 5000000 durch 20 teilen, erhalten wir 250000 Generationen. Mit anderen Worten: Wenn Du 1/4 der Einwohner von... San Antonio hintereinander aufstelltest und sich sozusagen in die Vergangenheit erstrecken ließest, dann wäre jeder einzelne ein Experiment, das zu dem Experiment mit Deinem Namen führt.

Sehen wir uns nun einmal die Breite und die Tiefe Deines Stammbaumes an. Auf der Ebene Deiner Eltern beträgt die Breite zwei Personen, auf der großelterlichen Ebene vier, und auf der Ebene der Urgroßeltern acht. Nur neun Generationen, oder rund 180 Jahre zurück beträgt die Breite 512 (2 hoch 9). Also sind 512 Menschen, die vor 180 Jahren lebten, Deine direkten Vorfahren.

Das ist die jüngere Vergangenheit. Versuche es mit 250000 Generationen zurück und schaue nach, wieviele Menschen Deine Eltern, Großeltern, Urgoßeltern usw. sind. Da wird Dein **Verstand** ganz schön stutzen. Tatsächlich brauchst Du einen Cray Supercomputer und einige Tage Rechenzeit, um 2 hoch 250000 zu erhalten. Natürlich sind so viele Menschen noch gar nicht geboren. Also besetzten einige Deiner Vorfahren mehr als eine Position in Deinem Stammbaum. Dies ist eine hübsche Art, auszudrücken, daß oftmals entfernte Verwandte einander heiraten, ohne von ihrer Verwandtschaft zu wissen. Inzest in Deiner Abstammung! In diesem Sinne sind wir alle entfernte Vettern / Cousinen.

Betrachten wir es auf eine andere Art. Wenn Du einen Krug voll Sand vor Dir hättest, in dem jedes Sandkorn eine der zu Dir führenden Generationen wäre, dann wäre Dein Leben ein einziges Sandkorn. Der restliche Sand entspräche Deiner Ahnenreihe.

„Na und?“ sagst Du. Der Kern ist: Was Du bist, und was zu werden Du befähigt bist, wurde in einem Prozeß entworfen, an dem so viele Menschen über einen so langen Zeitraum beteiligt waren. Mit anderen Worten: zu was Du in Beziehung zum anderen Geschlecht befähigt bist, entspringt überwiegend aus Bedingungen, die Du Dir heute schwerlich vorstellen kannst.

Anders ausgedrückt: Da sich die menschlichen Lebensbedingungen in den letzten paar tausend Jahren grundlegend verändert haben, wurde die **Mann / Frau Beziehung** nicht für die heutigen Lebensbedingungen entworfen.

Es ist unmöglich, die Anzahl an Jahren völlig zu begreifen, während derer Du schon in Vorbereitung gewesen bist. Wenn Du begreifst, daß Du das nicht begreifen kannst, und daß Du in diesem langen Prozeß entworfen wurdest, dann können wir fortfahren. ■

Wachsamkeitsübung

1. Wenn die Reise der Menscheit durch die Zeit als Strecke von 2 km dargestellt wird, wie lang ist dann ein Leben von 64 Jahren Dauer?

2. Ungefähr wieviele Generationen von Menschen führten zu Dir?

3. Wie lange ist die **Mann/Frau Beziehung** bereits in Vorbereitung?

Antworten Seite 272

Kapitel 2

Die Erfindung der Landwirtschaft

Als die Frauen die Landwirtschaft erfanden, kamen die Männer beinahe aus der Mode.

Damit du genau erfaßt, wozu Du in Beziehung zum anderen Geschlecht entworfen wurdest, ist es erforderlich, sich damit auseinanderzusetzen, wie eine Existenz von der Hand in der Mund sein könnte.

Wenn Du etwas essen willst, dann gehst Du in ein Restaurant, zu einem Lebensmittelladen, oder an den Kühlschrank. Wenn eine viertel Million Generationen von Menschen in Deiner direkten Ahnenreihe essen wollten, dann zogen sie los, den Lebensmittelladen zu jagen, der schnellen Hufes war, oder scharfe Klauen und Zähne hatte.

Häufig genug war der Lebensmittelladen schneller als unser Urahn, und er und seine Familie gingen hungrig ins Bett. Am nächsten Tag konnte er, hungriger als am Vortage, nicht mehr ganz so schnell rennen. Also wurde er nach einigen Tagen erfolgloser Jagd ein Resteverwerter. Er schloß sich Schakalen und Geiern an, die sich an den von größeren Raubtieren nicht beanspruchten Resten toter Tiere gütlich taten. Wenn auch das andauernd mißlang, begann er andere menschliche Wesen zu töten und zu essen (nicht sehr hübsch, oder?). Längs des Weges grub er nach Wurzeln, Beeren und desgleichen.

Wenn der Lebensmittelladen gefangen war, gab es keinen Kühlschrank zum Speichern und Frischhalten. Noch gab es ein Haus, in dem ein Kühlschrank hätte existieren können, noch Elektrizität für seine Stromversorgung.

Eine Existenz „von der Hand in den Mund“ bedeutet: Du bekommst es in Deine Hand und steckst es in Deinen Mund, bevor es verdirbt. Und, da der Lebensmittelladen herumzog und es keine Möglichkeit der Haltbarmachung gab, zogen unsere Urahnen mit dem Lebensmittelladen herum – sie waren Nomaden.

Dinge, die wir heute selbsverständlich nehmen, wie Baden, Kleidung, und Schuhe, erschienen erst kürzlich auf der Bildfläche; als sie erschienen, hatten sie keine Ähnlichkeit mit Deinem Bad, Deiner Kleidung, und Deinen Schuhen. Das Leben war schwierig, und in diesem Zustand lernten Mann und Frau einander kennen.

Unter den Paläo-Anthropologen herrscht folgende Ansicht vor: Als die Jagdmethoden ausreichend ausgefeilt waren, so daß die Menschen sich in vergleichsweise dauerhaften Behausungen niederlassen konnten, haben die Frauen die Landwirtschaft erfunden.

Das macht Sinn. Wenn Du den Hunger leid bist, und es leid bist, daß Dein Mann tagelang mit den anderen Kerlen durch das Land rennt: welche bessere Lösung gibt es, als auf einen Schlag den Grund für den Hunger *und* für das Herumrennen zu beseitigen?

Dies geschah vor 15000 Jahren, oder 1/333 der fünf Millionen. Die Verbreitung der Landwirtschaft war ein sorgfältiger, langsamer Prozeß. Vor so kurzer Zeit wie 4000 Jahren vor Christus hatte die Landwirtschaft immer noch nicht die britischen Inseln erreicht.

Bildlich gesprochen kam unser mannhaft-kriegerischer Urahn eines Tages nach Hause, um zu entdecken, daß das meiste dessen verschwunden war, wozu er im Leben gut war. Er wurde sozusagen eine landwirtschaftliche Hilfskraft, ein halb entbehrlicher Gegenstand. Er konnte sich nur dadurch retten, daß er ein harter Arbeiter wurde. Sich an harte, tägliche Arbeit anzupassen war nicht leicht für einen Kerl, der entworfen war, herumzujagen und Dinge zu töten. ■

Wachsamkeitsübung

1. Auf welche vier Arten haben sich die menschlichen Wesen vor der Landwirtschaft ernährt?

2. Wer, nimmt man an, hat die Landwirtschaft erfunden?

3. Welche Auswirkung hatte, bildlich gesprochen, die Landwirtschaft für Männer?

4. Wann erschien die Landwirtschaft zuerst?

5. Welchem Bruchteil der menschlichen Geschichte entspricht das?

6. Wie spät erst erschien die Landwirtschaft auf den britischen Inseln?

Antworten Seite 272

Kapitel 3

Städte, Technik und Handel kommen auf

Der arbeitsscheue Mann rettete sich, indem er arbeitssparende Hilfsmittel erfand.

Das Aufkommen der Landwirtschaft hatte tiefgreifende Auswirkungen auf die **Mann/Frau Beziehung**. Jetzt konnte die Frau den Mann im Auge behalten; was sie sah, ließ sie wünschen, sie hätte ihn der Jagd überlassen. Aber die größte Auswirkung ihrer Erfindung (Landwirtschaft) sollte noch kommen. Diese späteren Ereignisse geschahen wärend der letzten paar Zentimeter der 2 km langen Geschichte der menschlichen Entwicklung.

Menschliche Wesen fanden heraus, daß sie nicht tagein, tagaus nach Nahrung jagen mußten, sondern bestimmten Mitgliedern ihrer Art den Nahrungsanbau zuweisen konnten. Die Übrigen konnten sich in bis dahin unbekannter Anzahl zu einer Gemeinschaft versammeln. So wurden Dörfer, und später Städte möglich.

So wurden die Männer dafür befreit, neuen Nutzen für ihr Leben zu finden. In dieser neugefundenen Zeit des Müßiggangs begannen die Männer, das zu tun, was sie mit Mußezeit am besten anfangen – Dinge austüfteln. Mit ihrem grundsätzlichen Widerwillen gegen Arbeit ersannen die Männer neue Arten, die Arbeit mit geringstmöglichem Energie-Aufwand erledigt zu bekommen.

Es gab eine Explosion von Hilfsgeräten. Die Wissenschaft wurde geboren, um diese Hilfsgeräte zu erklären und neue, noch wirksamere Hilfsgeräte zu entwerfen. Dieses Bauen von Hilfsgeräten wurde die Hauptaufgabe für unseren verdrängten Jäger, und es ist seine Hauptaufgabe bis zum heutigen Tag geblieben.

Männer entwickelten nicht nur arbeitssparende Hilfsgeräte so schnell wie möglich; Männer machten es zusätzlich zu ihrer Aufgabe, möglichst viele der von anderen Männern entwickelten arbeitssparenden Hilfsgeräte zu erlangen. So wurde im Tauschen von Nahrungsmitteln und Hilfsgeräten, und in zweiter Linie im Tauschen einiger weniger Luxusgüter, der Handel geboren.

Deshalb hat die von Frauen verwirklichte brilliante Idee, Nahrung anzubauen statt zu jagen, den Raum geschaffen für Städte, Technik und Handel, die von Männern verwirklicht wurden. Plötzlich fand sich die **Mann / Frau Beziehung** in Lebensumständen wieder, in denen diejenigen nicht wiederzuerkennen waren, in denen und für die sie ursprünglich entworfen wurde. Mit anderen Worten: Du bist für ein anderes Leben entworfen, als das, was Du jetzt führst. Laß' uns nachsehen, wie das geht. ■

Wachsamkeitsübung

1. Was war des Mannes neue Aufgabe, da er seine Aufgabe als Jäger verloren hatte und harte Arbeit nicht mochte?

2. Was machte Städte möglich?

3. Für welchen grundsätzlichen Zweck erfand der Mann die Wissenschaft?

4. Was ermöglichte den Handel?

Antworten Seite 272

Kapitel 4

Auf etwas anderes vorbereitet

Jagd und Heim

Die Zukunft der Menschheit wird von hätten-sein-sollenden Jägern und hätten-sein-sollenden Heimversorgerinnen bestimmt werden.

Während des überwiegenden Teils der menschlichen Geschichte erwartete man von Jungen, daß sie mit ungefähr acht Jahren Jäger würden, und von Mädchen, daß sie sogar noch eher im Leben Lasttiere würden. Als Folge davon fangen Jungen in unserer modernen Zeit mit ungefähr acht Jahren an zu jagen – aus ihrem **Instinkt**. Da es keine Tiere zu erlegen gibt, und es auch nicht so schön ist, Hund oder Katze zu verprügeln, lassen sie ihren Jagd-**Instinkt** aneinander aus.

Dies ist der Hintergrund für das Schläger-Phänomen, das wir in Buch I, Kapitel 4 erörtert haben. Tatsächlich ist dies der Ursprung des modernen **männlichen Macho-Egos**. Im überwiegenden Teil der menschlichen Geschichte gab es kein MME. Männer *waren* zäher, stärker, schneller usw.; sie mußten es sein, um zu überleben. Deshalb gab es kein Bedürfnis, dies zum Standpunkt zu machen.

Wenn Du Dir anschaust, was eine Heimversorgerin ist: Eine Heimversorgerin ist in ihrer Grundlage ein hochentwickeltes Lasttier und eine erfahrene Psychologin in einer **Person**. Historisch begann die Ausbildung zur Heimversorgerin, sobald sich Sprache und Gehen entwickelten. In primitiven Stämmen kannst Du dies noch sehen. Die Menschen, die dafür sorgen, daß zuhause alles läuft, sind die weiblichen jeden Alters.

Als Folge davon will ein heutiges kleines Mädchen diese

Dinge auch tun. Sie mag später im Leben eine Frauenbefreierin werden, die Büstenhalter verbrennt; sie mag Hausarbeit verachten. Aber früh in ihrem Leben ist es instinktiv – sie möchte im Hause helfen. Und was früh instinktiv ist, ist immer instinktiv. Unsere Freundinnen aus der Frauenbewegung können nur mit ihren eigenen **Instinkten** hadern.

In keiner Weise spreche ich dafür, daß wir zurückkehren sollten zu dem Leben, wie es mal war. Offenkundig haben uns Landwirtschaft und Technologie die notwendige Pause verschafft, in der die Menschen das werden können, was wir heute als menschlich erachten, mit den Qualitäten Liebe, Verläßlichkeit und Mitgefühl. Sicherlich existierten diese Qualitäten schon vor unseren modernen Zeiten. Aber wenn man von Tag zu Tag auf des Messes Schneide lebt zwischen Überleben oder Nichtüberleben, dann haben diese Qualitäten wenig Gelegenheit, sich zu äußern.

Deshalb sollten Männer nicht wieder Jäger werden, es sei denn als frei gewählter Zeitvertreib, noch sollten Frauen zuhause bleiben und das Feuer hüten, wenn das nicht ein selbst gewählter Beruf ist. Wenn wir aber die Tatsache übersehen, daß wir für diese Funktionen entworfen wurden, dann verpassen wir ein unermeßlich großes Reich der Selbst-Erkenntnis.

Ohne diese Erkenntnis und ohne ihre Berücksichtigung ist die Art, wie wir in unserer Beziehung zum anderen Geschlecht sind, ein Rätsel. Sie wird dann leichter erklärt durch die Theorie, daß Männer und Frauen von unterschiedlichen Planeten hierher gekommen sind, oder durch die psychoanalytische Theorie, oder andere schwerfällige Erklärungen, in denen Mitgefühl sehr unwahrscheinlich wird.

Menschliche Wesen sind unglaublich formbar und können sich an einen enormen Spielraum verschiedener Umstände anpassen. Das leugnet nicht unsere Geschichte, und die Funktionen, für die wir entworfen wurden. Der Wettlauf der menschlichen Rasse, so wie ich ihn sehe, findet statt zwischen der Technologie (einschließlich der Technologie, uns selbst zu zerstören) und der Formbarkeit (unserer Fähigkeit, uns an die Macht dieser Technologie anzupassen).

Damit das klar ist: Die Menschen, die für diese Anpassung zuständig sind (Du und ich), wurden entworfen als Jäger und Heimversorgerinnen. Tatsächlich wurde die **Person**, die genau jetzt in Deiner Haut steckt, dafür entworfen, ein Jäger oder eine Heimversorgerin zu sein. Wenn Du das mißachtest, werden Deine Handlungen, Haltungen und Erlebnisse in Beziehung zum anderen Geschlecht ein großes Geheimnis für Dich sein. Wenn Du das jetzt noch nicht siehst, nimm es einfach als Möglichkeit. Ich werde Dir die Anhaltspunkte später zeigen. ■

Wachsamkeitsübung

1. Da es keine Tiere zu erlegen gibt, wen oder was beginnen Jungen im Alter von ungefähr acht Jahren zu jagen?

2. Dieses moderne Jagen ist die Grundlage für welche Erscheinung?

3. Was ist instinktiv für kleine Mädchen?

4. Wenn wir unsere **Instinkte** nicht berücksichtigen, was wird dann in Beziehung zum anderen Geschlecht nahezu unmöglich?

5. Welche den menschlichen Wesen eigene Qualität ermöglicht es, daß wir möglicherweise fähig sind, mit einer völlig neuen Umgebung umzugehen, die ganz anders ist als diejenige, für die unsere **Instinkte** vorbereitet sind?

Antworten Seite 272

Kapitel 5

Die Ursprünge der Vorherrschaft

Liebe und Bedürfnis

Wenn Du bedenkst, wofür männliche Vorherrschaft entworfen war, und woher sie kommt, dann sind Männer letztendlich doch nicht so schlechte Kerle.

In heutigen Begriffen ist es unverständlich, daß Männer die Frauen als Gruppe oder einzeln beherrschen. Was Männer von Frauen wünschen, kommt in unserem Zeitalter viel eher von Frauen, die sich in Abwesenheit männlicher Vorherrschaft selbst verwirklichen können. Alle Männer, außer den ganz törichten, wissen das.

Dennoch denken und handeln Männer weiterhin so, daß die Frauen im **Bus des Lebens** hinten bleiben. Mit anderen Worten: Indem sie ihre Unbewußtheit über **den Klub** aufrechterhalten, handeln Männer so, daß sie genau das bekommen, was sie nicht wollen – **Gemein**, und genau das nicht bekommen, was sie wollen – **Nett**. Ich weiß nicht, wie ich das noch einfacher verdeutlichen könnte.

Klar, was die Männer zur Vorherrschaft über Frauen führt ist instinktiv in die Maschinerie des Mannseins eingebaut. Der Hintergrund dafür ist nicht schwer auszumalen. Als es keine Häuser, Kühlschränke oder Kleider gab, ganz zu schweigen von fehlenden Gesetzen zum Schutz der Menschen gegeneinander, da war es notwendig, daß Männer die Frauen beherrschten, in der Vorherrschaft sie beschützten, und so die Art erhielten. Hätten wir nicht diese Art von Männern in unserer Ahnenreihe gehabt, dann wären wir jetzt nicht hier, um darüber zu grübeln.

Wenn Du Dir nur einmal die Geschöpfe der Natur anschaust, dann wirst Du sehen, daß sie wissen, was sie tun. Niemand muß eine Biene lehren, Honig zu machen. Komplexes Wissen, wie etwa der Bau von Dämmen bei Bibern, kommt ganz natürlich. Rehwild kennt die Rituale von Wettkampf und Paarung. Viele Vogelarten wissen, wo Norden und Süden sind, und fliegen abhängig von der Jahreszeit in die eine oder die andere Richtung. Delphine und Buckelwale wissen viele Dinge über das Überleben aufgrund der Tatsache, daß sie sind was sie sind.

Du nimmst doch wohl nicht an, daß Mann und Frau eine Ausnahme wären, oder? Der männliche Instinkt, eine Frau einzufangen, zu ernähren, Sex mit ihr zu machen, und sie zu beschützen, ist so natürlich wie jede der Aktivitäten im vorigen Absatz. Aber in unseren heutigen Lebensumständen wird dieses Verhalten von den Frauen sowohl gewünscht (instinktiv), als auch übelgenommen (erfahrungsgemäß).

Ich will hier darauf hinaus, daß die Quelle dessen, was wir Vorherrschaft nennen, also der Ursprung **des Klubs**, nichts Geringeres als Liebe ist. Männer lieben Frauen. Als Folge davon versuchen Männer das zu tun, was sie schon immer getan haben, um diese Liebe auszudrücken. Tatsächlich könnte man sagen, Männer haben ein Bedürfnis, das zu tun. Es ist Männern angeboren, so sehr, wie das wiederkehrende Verlangen nach Nahrung und Sex Männern und Frauen angeboren ist.

Ich will nicht sagen, daß die Dinge sich ändern werden, oder ändern sollten. Selbst wenn wir wollen, daß die Dinge sich ändern: Die Triebe von Mann und Frau werden bestehen bleiben. Ich will dies sagen: Wenn wir über diese Triebe unbewußt bleiben, oder diese Triebe verdammen, als ob sie einen bösen Ursprung hätten, dann hat Mitgefühl für das andere Geschlecht null Wahrscheinlichkeit.

Nur dies: Männliche Vorherrschaft kommt aus Liebe und Bedürfnis. Wenn Du eine Frau bist, und einen Mann willst, diese Art von Mann ist erhältlich.

Laß' Dich nicht von dem täuschen, was ich die „Nummer vom erleuchteten Mann" nenne. Dies ist nur eine Anpassung, die bestimmte Männer vorgenommen haben. Sie waren so klug, daß sie vor einigen Jahren herausfanden, daß sie mit der **Macho**-Nummer nicht mehr landen würden. Und Männer werden für Sex alles tun, einschließlich so handeln, als ob sie bezüglich der Frauen erleuchtet seien.

Und nichts wird sich ändern! Also höre auf, darauf zu hoffen und zu warten, daß das Leben gut wird. Das Leben ist bereits gut geworden. Du hast das nur noch nicht bemerkt. ■

Wachsamkeitsübung

1. Was sind die beiden grundlegenden, verwandten Quellen der männlichen Vorherrschaft?

2. Was bekommen Männer heutzutage, in unserem Zeitalter, durch die Vorherrschaft über Frauen?

3. Was erreichte männliche Vorherrschaft in primitiven Lebensumständen?

4. Was wünschen Männer, bekommen es aber nicht, während sie Frauen beherrschen?

5. Wenn Du eine Frau bist, und einen Mann willst, welche Sorte ist erhältlich?

6. Was wird sich ändern?

Antworten Seite 272

Kapitel 6

Die Ursprünge von Gemein

Auf Technik nicht vorbereitet

Wofür Männer Millionen von Jahren gut waren, wird nicht mehr gebraucht. Frauen wissen das im Kopf, aber nicht im Bauch.

Der Übergang von der Existenz „von der Hand in den Mund" zur heutigen Technik kam so plötzlich, daß wir darauf einfach noch nicht vorbereitet sind. Die Männer tun ihr bestes, um den nicht unterdrückbaren Drang zur Vorherrschaft über Frauen zu unterdrücken. Frauen reagieren ambivalent; sie fühlen das tiefe Verlangen, versorgt zu werden, und sehen gleichzeitig deutlich ihre Fähigkeit, für sich selbst zu sorgen.

Obwohl es sicherlich Ausnahmen gibt, ist das übliche Ergebnis, daß eine Frau wählt, versorgt zu werden, und sofort anfängt, sich darüber zu beklagen. Aber sie ist auf einer bestimmten Ebene das Produkt von tausenden Generationen von Frauen, die ihr vorausgingen, und die tatsächlich einen Mann haben mußten, um zu überleben. Und da alle anderen Faktoren gleich sind, wird sie wählen, in dieser Beziehung mit ihrem Mann zu bleiben und ihre Wut in dieser Beziehung zu äußern.

Andererseits ist unser Mann in Wirklichkeit für sie so nutzlos wie eine Schachtel Zigaretten. Sie mag ihm verfallen sein, aber sie ist zurechtgekommen, bevor sie ihn traf, und sie kann auch jetzt ohne ihn zurechtkommen. Warum? Schlicht gesagt: Technik.

Die Zeit, zu der eines Mannes überlegene Körperkraft eine unverzichtbare Qualität war, ist längst vorbei. Heute können Maschinen – Autos, Flugzeuge, Traktoren usw. – in der Praxis jedes der Dinge tun, die einst der männlichen

Fähigkeit zur plötzlichen (und oftmals gewalttätigen) Kraftentwicklung bedurften. Männer werden nicht mehr wie einst benötigt.

Das Gehirn unserer Frau weiß das, aber ihr Bauch erzählt ihr etwas anderes. Also bleibt sie, da alles andere gleich ist, mit ihrem Mann zusammen, im Gefühl, daß er gebraucht wird, und im Wissen, daß nicht. Unter diesen Umständen kann ein Mann nicht gewinnen. Also fällt Männern, speziell denen des Vater-Typs, die Rolle des Sündenbocks zu (vgl. Buch V, Kapitel 3). Der Unwille in seiner Frau ist nicht etwas, das er erzeugt hat, und doch sicherlich etwas, wofür er den Preis bezahlen wird.

Was der Preis ist? Falls Du Dich nicht erinnerst, verweise ich Dich zurück auf Buch VII, Kapitel 2. Der Preis ist **Gemein**. Das ist der Preis, den Männer dafür zahlen, daß sie Männer sind durch Vorherrschaft über Frauen als instinktivem Akt der Liebe. Und das angesichts der Tatsache, daß Versorgtsein nicht notwendigerweise das ist, was eine Frau wünscht, obwohl sie fühlt, daß sie das haben muß, oder sterben.

Und nichts wird sich ändern! Also höre auf, darauf zu hoffen und zu warten, daß das Leben gut wird. Das Leben ist bereits gut geworden. Du hast das nur noch nicht bemerkt. ■

Wachsamkeitsübung

1. Welche Qualität, die einst die Männer besaßen, hat für die Frauen nicht mehr viel Nutzen?

2. Wenn sie in ihrem Kopf weiß, daß sie keinen Mann braucht, und im Bauch fühlt, daß doch, wie fühlt dann eine Frau darüber, einen Mann zu haben?

3. Wie wird eine Frau unter ansonsten gleichen Umständen in dieser Situation handeln?

4. Wie kann unter diesen Bedingungen ein Mann gewinnen?

5. Was ist deshalb die natürliche Rolle eines Mannes, vor allem der Väter?

Antworten Seite 273

Kapitel 7

Eines Mannes Eifersucht

Stiehl nicht mein Eigentum, sonst töte ich dich

Ein Mann erlebt Eifersucht als Bedrohung seiner Eigentumsrechte. Wenn Du sterben willst, spiele damit herum.

Eifersucht ist das Erleben, das jemand hat, wenn er eine geliebte Person an jemand anders zu verlieren fürchtet. In moderner Zeit bedeutet der Schmerz der Eifersucht, und der Verlust selbst, in Wirklichkeit wenig. Das überreichliche Angebot an menschlichen Wesen, und die Technik, dorthin zu reisen, wo ein bestimmtes menschliches Wesen wohnt, sind so verfügbar, daß wir den Verlust des einen Tages gegen den Gewinn des nächsten Tages eintauschen können.

Dennoch ist die Provokation der Eifersucht einer **Person** die einfachste Methode, ermordet zu werden. Tatsächlich werden die meisten Morde von Bekannten des Opfers begangen, am häufigsten von Familienmitgliedern, und in den meisten von diesen Fällen bringt ein Ehepartner den anderen um. Muß ich Dir das häufigste Motiv sagen? Natürlich Eifersucht – üblicherweise etwas, das wir „krankhafte Eifersucht" nennen. Wie auch immer: Jeder ist krankhaft eifersüchtig, wenn er sich von einem Verlust genügend stark bedroht fühlt.

Es ist sicherlich wahr, daß Männer und Frauen ziemlich verschieden sind, auch wenn es eine moderne spirituelle Bewegung gibt, die behauptet, Männer und Frauen seien gleich. Männer und Frauen sind gleich auf der Ebene des **Wesens** und des **Verstandes**, und sie können einander ähnlich sein auf der Ebene des **Selbst**. **Persönlichkeit** und **In-**

stinkt sind bei Männern und Frauen ziemlich unterschiedlich.

Obwohl es wahr ist, daß Männer und Frauen ziemlich verschieden sind, ist es auch wahr, daß Männer und Frauen Eifersucht sehr ähnlich erleben. Beide erleben extreme Wut und Hilflosigkeit angesichts eines drohenden Schicksalsschlags.

Dennoch ist der Ausgangspunkt von Eifersucht bei Männern und bei Frauen ziemlich unterschiedlich, obwohl diese Erscheinungen dem **Instinkt** der beiden Geschlechter entspringen. Männer wußten immer, daß sie mit oder ohne Frauen überleben würden. Bis zur Neuzeit konnte das Leben mit einer Frau, die bestimmte Dinge übernimmt, ein bißchen einfacher sein; aber das Leben ginge auch ohne eine Frau weiter, abgesehen natürlich von der Erzeugung der nächsten Generation.

Das Erleben eines Mannes, eine Frau zu haben, unterscheidet sich auf der Ebene des Ursprungs der Eifersucht nicht von seinem Erleben, ein Auto oder ein Pferd zu besitzen – sie ist sein Eigentum. In einigen Kulturen werden Frauen immer noch wie das Vieh gekauft, verkauft und gehandelt.

Wenn ein anderer Mann dieses Eigentum wegzunehmen versucht, ist die Antwort vorhersagbar, und gefährlich. Bis zum heutigen Tage gehört dies in den Vereinigten Staaten von Amerika, vielleicht der am meisten erleuchteten Nation der Welt, zu den Situationen, die in den Augen des Gesetzes einen Totschlag rechtfertigen: einen anderen Mann mit Deiner Frau im Bett zu finden. Schließlich muß ein Mann seinen Besitz schützen!

Und nichts Grundsätzliches wird sich ändern – die Form mag sich ändern, aber die darunterliegende Substanz wird sich nicht ändern. Nur Narren und Schwachsinnige hoffen auf Veränderung. Die Lebendigen wählen, zu leben, während das Leben halt so ist. ■

Wachsamkeitsübung

1. Auf welcher Voraussetzung beruht das Erleben von Eifersucht für einen Mann?

2. Wer kann „krankhaft eifersüchtig“ sein?

3. Wohin kann eine Frau gehen, um einen nicht eifersüchtigen Mann zu finden?

4. In einigen Staaten der USA gibt es bis heute außer Notwehr noch eine gesetzliche Rechtfertigung für Totschlag. Welche?

Antworten Seite 273

Kapitel 8

Einer Frau Eifersucht

Ich muß einen haben, oder ich sterbe

Eine Frau erlebt Eifersucht wie den drohenden Tod. Das ist sogar noch gefährlicher als die Eifersucht eines Mannes.

Obwohl die Eifersucht einer Frau auf der Ebene des Erlebens derjenigen eines Mannes weitgehend entspricht, ist sie andererseits aus einem anderen Umstand abgeleitet. Unter den Bedingungen völligen Fehlens der Zivilisation, mit ihren Annehmlichkeiten und ihrem Schutz, hing das Leben einer Frau buchstäblich davon ab, einen Mann zu haben, und oftmals reichte das nicht einmal.

Deshalb erlebt eine Frau die Bedrohung, ihren Mann zu verlieren, als „ich werde sterben". Jeder Situation, die so aussieht, als könnte sie zu einem Verlust ihres Mannes führen, wird mit einer Bauch-Erfahrung namens „ich werde sterben" begegnet.

Viele Männer sind zu dem Schluß gekommen, daß es da draußen in **der Welt** viele eifersüchtige Frauen gibt. Aber wenige Männer waren aufmerksam genug, oder lange genug dabei, zu entdecken, daß alle Frauen eifersüchtig sind. Als Folge daraus suchen fast alle Männer eine nette, nicht eifersüchtige Frau. Als ob es die gäbe.

Nichts aktiviert die gemeine Ader einer Frau so, wie die Eifersucht. Wenn Du ein Mann in Beziehung mit einer Frau bist, und Du leiden möchtest, dann mache sie einfach eifersüchtig. Und ich warne Dich: Dein Leben ist buchstäblich in Gefahr.

Dies hier ist für die Männer zum Lesen, die Frauen wissen es bereits: Eine Frau kann das Ende Deines Lebens einfädeln, ohne etwas ungesetzliches zu tun. Wenn Du eine Frau eifersüchtig genug machst, könntest Du Dich auf dem Friedhof liegend wiederfinden, während sie im Einkaufszentrum Dein Geld ausgibt. Falls Du denkst, Du bist klug genug, das zu vermeiden: Wenn sie es einrichten will, gibt es vielleicht keine Hoffnung für Dich.

Und nichts wird sich ändern! ■

Wachsamkeitsübung

1. Auf welcher Voraussetzung beruht Erleben das von Eifersucht für eine Frau?

2. Ist sie gefährlicher oder weniger gefährlich als die Eifersucht eines Manes?

3. Was macht sie gefährlicher?

4. Was ist der einfachste Weg, die gemeine Ader einer Frau zu aktivieren?

5. Wonach sucht jeder Mann, als ob es welche gäbe?

Antworten Seite 273

ARBEITSBLATT

Zu Deiner Erinnerung hier eine Übersicht des Materials in diesem Buch:

Einsichten in mein eigenes Leben, die ich aus dem Lesen von Buch VIII gewonnen habe:

1.
2.
3.
4.
5.

Welche auf diesen Einsichten beruhende Handlungen plane ich, einschließlich des Zeitpunktes, zu dem jede einzelne vollendet sein wird:

1.
2.
3.
4.
5.

Mitgefühl

Fehlt so sehr, daß niemand es bemerkt hat

Wenn etwas vorhanden ist, aber als Mangelware, dann ist dessen Existenz jedem deutlich bewußt. Wenn etwas völlig fehlt, dann bemerkt das niemand, auch wenn es vielleicht benötigt wird.
Bevor Penicillin erfunden wurde, hat niemand es vermißt. Es wurde benötigt, aber es fehlte völlig. Gleichermaßen haben wir das nicht bemerkt, was in der **Mann/Frau Beziehung** *völlig fehlt: Mitgefühl.*
Da in der **Mann/Frau Beziehung** *Mitgefühl völlig fehlte, haben wir versucht, es durch Verstehen und Technik zu ersetzen, die beide in eine Sackgasse namens Veränderung führen. Je mehr die Dinge sich ändern, desto mehr bleiben sie wie sie sind.*

BUCH IX

MITGEFÜHL – FEHLT SO SEHR, DASS NIEMAND ES BEMERKT HAT

Kapitel 1

Mitgefühl

Was ist das? Wo ist es?

Mitgefühl hat mit dem **Wesen** *zu tun. Wir wissen viel über Tun, und fast nichts über* **Sein**. *Deshalb ist uns das Fehlen von Mitgefühl entgangen – wir haben nicht bemerkt, daß es nicht da ist.*

Sehen wir uns zuallererst einmal an, was Mitgefühl ist. Wirf die Definition des Lexikons weg, denn wir werden hier und jetzt eine neue Definition prägen. Da wir nicht bemerkt haben, daß diese Qualität fehlt, haben wir auch kein Wort für sie. Für den Zweck dieser Diskussion ist Mitgefühl nach unserer selbst geschaffenen Definition: Im **Wesen** einer anderen **Person** existieren, während Du gleichzeitig in Deinem eigenen **Wesen** existierst.

Dieses Mitgefühl hat nichts zu tun mit Gefühlen von Sympathie oder Mitleid. Es gibt in unserer Sprache kein Wort für „Im **Wesen** einer anderen **Person** existieren, während Du gleichzeitig in Deinem eigenen **Wesen** existiertst". Also definieren wir „Mitgefühl" neu, so daß es genau dies bedeutet.

Um zu wissen, was Mitgefühl ist, mußt Du etwas darüber wissen, wer Du bist. Um echtes Mitgefühl hervorbringen zu können, mußt Du wissen, daß Du im Leben eine Position hast, und daß Du diese Position nicht bist; und weiterhin, daß die Position, die Du gegenwärtig bekleidest, eine vorübergehende Erscheinung ist, die in einem Wegwerfbehälter wohnt: Deinem Körper, der mit der Zeit vergehen wird.

Obwohl Deine Position in Deinem Körper angeordnet ist und unter Deinem Namen läuft, ist sie tatsächlich ein Zweck (Das **Selbst** ist ein Zweck.). Sie ist das, was auch immer Du als Deinen Lebenszweck erschaffen hast. Du magst Dir dieses Zwecks bewußt sein, oder nicht. Er kann etwas ziemlich unbestimmtes sein, wie „Mein Zweck ist, etwas über das Leben herauszufinden“. Oder er kann etwas so bestimmtes sein wie „Mein Zweck ist, Trainer einer erfolgreichen Fußball-Mannschaft zu sein“. Ob Du Dir Deines Zweckes bewußt bist oder nicht, Du hast einen.

Deine Position, oder Dein **Selbst**, äußert sich durch die Schaffung einer **Persönlichkeit** zum Erreichen der Ziele. Ein destruktiver Zweck erfordert eine destruktive **Persönlichkeit**, ein konstruktiver Zweck erfordert eine konstruktive **Persönlichkeit**, eine rückständige **Persönlichkeit** ist erforderlich, um einen rückständigen Zweck zu erreichen.

Wenn Du erst einmal weißt, daß diese unter Deinem Namen laufende Position, und die begleitende **Persönlichkeit**, nicht in irgendeinem dauerhaften Sinne *Du* sind, dann ist die letzte Zutat, die zur Hervorbringung von Mitgefühl erforderlich ist: Das Wissen, daß Dein **Selbst** / Deine **Position** nicht nur vom **Wesen** geschaffen sind, sondern auch willkürlich, und unvermeidlich.

Wenn Du diese Dinge weißt, dann bist Du frei von der Vorstellung, Dein **Selbst** / Deine **Position** seien Du. Dann kannst Du im **Wesen** von jemand anders existieren (alle **Wesen** sind ein und dasselbe **Wesen**) – und Mitgefühl hat eine Chance.

Mitgefühl zwischen Mann und Frau hat fast keine Existenzmöglichkeit. Mitgefühl erfordert nämlich, daß Du die Position der anderen **Person** bist, während Du zugleich Deine eigene bist. Wie Du wahrscheinlich beim Lesen der vorigen Absätze entdeckt hast, hast Du fehl-identifiziert, wer Du bist. Dennoch wirst Du wahrscheinlich noch für einige Zeit unter Deinem Namen, Körper, Deiner Position laufen. Und es gibt ein Stück dieser falschen Identität, dessen wir uns alle sicher sind: Mann oder Frau.

Also haben Männer kein Mitgefühl für Frauen. Warum sollten sie? Ein Mann ist sich so sicher, daß sein Geschlecht ein wichtiger Teil seiner Identität ist, daß bereits die bloße Vorstellung, in seiner letztendlichen Identität nicht ein Mann zu sein, seine „Mann-heit“ bedroht. Demnach macht Mann „sein“ Frau „sein“ unmöglich, oder? Also behandeln Männer Frauen als Objekte zur Manipulation.

Auf der anderen Seite wird ebenso stark die Position „Frau" von Frauen für die **Wirklichkeit** gehalten. Fast jede Frau hat eine Menge Beweismittel, verpackt in eine lange Geschichte, um das zu beweisen. Also ist Mitgefühl für einen Mann eine Schnapsidee.

Und doch war es nicht immer so. Kinder haben ein natürliches Mitgefühl füreinander. Jungen unterscheiden nicht Mädchen als etwas, das sie nicht sind, jedenfalls nicht ernstlich, bis einige Jahre vergangen sind. Dasselbe gilt für Mädchen.

Irgendwo längs des Weges verlieren wir unser natürliches Mitgefühl für eine Menge von Menschen – mindestens die Hälfte aller Menschen – und manipulieren sie nun als Objekte. Daran ist übrigens nichts falsch, aber es hat bestimmte Folgen im Leben, die Du vielleicht willst, vielleicht nicht. ■

Wachsamkeitsübung

1. Mitgefühl ist eine Funktion des... ?

2. Was ist Mitgefühl?

3. Was mußt Du wissen, um Mitgefühl hervorzubringen?

4. Warum haben Männer und Frauen so wenig Mitgefühl füreinander?

5. In welchem Stadium des Lebens ist Mitgefühl in natürlichem Überfluß vorhanden?

Antworten Seite 273

Kapitel 2

Einem Mann vergeben

Es ist nicht leicht, einem Mann zu vergeben. Schließlich haben Männer unrecht, und was noch schlimmer ist: Sie wissen nicht einmal, wie unrecht sie haben, oder womit sie unrecht haben.

Eine Folge von fehlendem Mitgefühl für das andere Geschlecht ist die Unfähigkeit, einer **Person** zu vergeben. Wenn Du eine mitfühlende Frau bist, dann ist Vergeben und Vergessen eine Kleinigkeit. Wenn nicht, dann legst Du eine Liste der Fehler Deines Mannes an, und Du behältst sie besser als jeder Computer. Du sammelst seine Verstöße und benutzt sie, um auf ihn einzuschlagen, wenn Du Dich bedroht fühlst.

Die Unfähigkeit, zu vergeben, also der Mangel an Mitgefühl, ist wirklich nichts anderes als Mangel an Wissen. Der Inhalt dieser Bücher soll Dir erlauben, riesige Bereiche von Unwissenheit aufzufüllen. Letztlich ist der Zweck dieser Bücher, einen Raum zu ermöglichen, in dem Mitgefühl sein kann. Wenn wir dies nicht erreichen, sehe ich keinen Sinn, warum ich meine Zeit mit Schreiben verbracht habe.

Um Mitgefühl für einen Mann zu haben, ist es wichtig, sich klarzumachen, daß Männer – das ist **der Klub** – sich nicht ändern, und daß die einzelnen Männer sich nicht ändern. Wenn Du also darauf beharrst, einem Mann zu vergeben und eine tolle Beziehung zu ihm zu haben, wenn er sich verändert, dann versagst Du Dir selbst diese tolle Beziehung ein Leben lang. Wenn Du Deinem Mann sein ganzes Leben lang etwas vorhalten willst, dann ist das auch Dein ganzes Leben.

Es ist nicht so, daß es nicht kleinere Veränderungen geben wird, aber es wäre töricht von Dir, selbst mit diesen kleineren Veränderungen zu rechnen. Wer weiß? Vielleicht verändert er sich auf eine Weise, die Dir noch weniger gefällt als seine jetzige Art.

Noch wertvoller ist es für Dich, den Männern zu vergeben, dem ganzen Haufen – **dem Klub**. Männer sind wie sie sind, weil dies die Art ist, wie sie Liebe auszudrücken wissen. Vielleicht magst Du die Art nicht, wie Männer Liebe ausdrücken, und doch ist es immer noch Liebe. Um das zu sehen, mußt Du nur den Standpunkt annehmen, daß Liebe absolut ist.

Das ist schon merkwürdig. Frauen halten Männern vor, daß sie so dumm sind, und Männer halten Frauen vor, daß sie so klug sind. ■

Wachsamkeitsübung

1. Wenn Du nicht eine vergebende Frau bist, was machst Du mit den Fehlern Deines Mannes?

2. Wenn Du sein ganzes Leben lang wartest, um einem Manne zu vergeben, wie lange ist das?

3. Was ist wertvoller, als einem einzelnen Mann zu vergeben?

4. Wer zahlt den Preis, wenn Du den Männern nicht vergibst? Und wer zahlt den Preis noch?

5. Was halten Männer den Frauen am meisten vor?

Antworten Seite 273

Kapitel 3

Einer Frau vergeben

Wie kannst Du einer gemeinen Frau vergeben, die auch noch klüger ist als Du? Der einzige Weg ist, sich der Intelligenz und dem **Gemein** *hinzugeben.*

Was Männer Frauen zu vergeben haben, bezieht sich hauptsächlich auf zwei Dinge:

(1) die Ausübung überlegener Intelligenz, und

(2) Äußerungen von **Gemein**.

Ein Mann wird kaum je zugeben, daß er von einer Frau irgendwie ausgetrickst wurde. Schließlich wird doch von Männern angenommen, daß sie klüger seien, wie in „besser, schneller, stärker und klüger". Wie auch immer, die Wahrheit ist: Es gibt kein männliches Gegenstück zur weiblichen intuitiven Intelligenz und Fähigkeit, wenn es darum geht, wer seinen Willen bekommen wird.

Frauen bekommen ihren Willen, und eine Methode dafür ist, den Mann glauben zu lassen, er hätte seinen Willen bekommen. Eine Frau, die will, daß ihre Beziehung zu einem Mann funktioniert, wird so handeln. Eine Frau, die nicht will, daß ihre Beziehung zu einem Mann funktioniert, wird einfach ihren Willen durchsetzen, oder sie wird ihn seinen Willen haben lassen und sich beklagen.

Dies ist eine erinnernswerte Faustregel: Frauen rufen, und Männer antworten. Das gilt in zwei Bereichen: Sex und Produktion. Das sexuelle Handeln zwischen Mann und Frau ergibt sich aus dem Appetit der Frau darauf. Sie ruft, und er antwortet im Maße ihres Rufes. Was einen Mann sexuell erregt, ist die Lust der Frau, und – abgesehen von Perversionen – nichts sonst.

Für die Frau ist eine machtvolle Art des Ausdrucks von **Gemein**, nicht zu rufen und zugleich zu behaupten, sie riefe. Nichts verletzt einen Mann so, wie der Gedanke, beim Sex oder bei der Produktion ein Versager zu sein.

Während ein Mann keine Kontrolle darüber hat, wieviel seine Frau produziert, produzieren und verdienen Männer nur so viel, wie ihre Frauen erlauben werden, nicht mehr. Wenn ein Mann auf dem Gebiet von Geld und Produktion seine eigenen Treffer landen möchte, sollte er allein bleiben. Wenn er mehr verdient, als den zugeteilten Betrag, ist ein Sicherheitsventil für die Frau, einfach den Überschuß auszugeben.

Das erstaunlichste Ding, was Frauen vollbringen, ist: Ihre eigenen Wünsche bezüglich Sex und Produktion im Erleben des Mannes als seine erscheinen zu lassen. Gelegentlich wacht ein Mann auf und bemerkt, daß er auf bestimmte Arten 'reingelegt wurde. Das ist kein Problem, wenn er die Art und Weise mag, auf die er 'reingelegt wurde. Üblicherweise jedoch schläft er über dieses Thema weiter, was die Dinge für seine Frau viel einfacher macht.

Das Problem für den Mann ist, daß er von jemand mit riesig überlegener Intelligenz hereingelegt wurde. Der schlimmste Teil daran ist, daß er sich selbst für klüger als sie betrachtet hatte. Wenn er dies erkennt, dann beschädigt das den empfindlichsten Teil eines Mannes: Sein Ego. Das muß schon ein seltener Mann sein, der einer Frau vergeben wird, die ihn als weniger intelligent bloßgestellt hat.

Gemein ist größtenteils emotional. Der hauptsächliche Angriffspunkt ist des Mannes Ego. Eine gemeine Frau wird danach trachten, diese Dinge heftig zu kritisieren, von denen ein Mann annimmt, daß er sie ist: Seine **Persönlichkeit**, sein Beruf, sein Körper, seine Überzeugungen usw. Tatsächlich ist das die Art und Weise einer Frau, zu versuchen, einen Mann zu formen, und es ist ein Ausdruck ihrer absoluten Liebe für ihn. Es ist jedenfalls nur schwer anzunehmen.

Für Frauen gilt, wie für Männer, daß sie sich nicht ändern werden. Nur ein Narr hofft auf Veränderung. Wenn Du also einer Frau vergibst, dann ist das keine Bestechung, um sie zu einer Änderung zu veranlassen. Und: Wenn Du jemand für etwas vergibst, dann gilt die Vergebung für alle Ewigkeit. Wenn Du wieder vergeben mußt, nur weil sie es wieder getan hat, dann hattest Du ihr beim ersten Mal nicht vergeben.

Männer, erinnert euch: Frauen sind klüger als ihr, und eine Frau äußert das meiste von ihrem **Gemein** an den Mann, den sie am meisten liebt. Ich weiß. Das gefällt Dir nicht. Du solltest anfangen, es zu mögen. ■

Wachsamkeitsübung

1. Wie kannst Du einer gemeinen Frau vergeben, die auch noch klüger ist als Du?

2. Was ist die effektivste Art für eine Frau, ihren Willen zu bekommen?

3. Was tun Männer, wenn Frauen rufen?

4. In welchen beiden Bereichen ist dies am deutlichsten?

5. Aus welcher Quelle stammt **Gemein** letztlich?

6. Angenommen, Du vergibst jemandem, und diese **Person** tut es wieder. Wie gehst Du damit um?

Antworten Seite 273

ARBEITSBLATT

Zu Deiner Erinnerung hier eine Übersicht des Materials in diesem Buch:

Buch IX: Mitgefühl – Fehlt so sehr, daß niemand es bemerkt hat

1 Mitgefühl
– Was ist das? Wo ist es?

2 Einem Mann vergeben

3 Einer Frau vergeben

Einsichten in mein eigenes Leben, die ich aus dem Lesen von Buch IX gewonnen habe: (Wenn Du keine hast, mache Dir welche zurecht. Wie gedenkst Du überhaupt zu Einsichten zu gelangen?)

1.

2.

3.

4.

5.

Welche auf diesen Einsichten beruhende Handlungen plane ich, einschließlich des Zeitpunktes, zu dem jede einzelne vollendet sein wird:

1.

2.

3.

4.

5.

BEZIEHUNGEN SCHAFFEN, ERHALTEN UND BEENDEN

Alle Dinge im Leben haben Anfang, Mitte und Ende. Das schließt alle Beziehungen ein. Anfänge und Mittelteile sind unser Spielplatz; auf diesem Spielplatz können wir alles erreichen, was wir wollen. Wenn das Spiel vorüber ist, haben wir nur die Wahl, zu verzweifeln oder zu feiern.

BUCH X

BEZIEHUNGEN SCHAFFEN, ERHALTEN UND BEENDEN

Kapitel 1

Das Beziehungsrad

Einen Partner im Wachzustand wählen

Für die meisten von uns ist die Wahl eines Partners wie das Herumtappen im Dunkeln. Es macht Spaß, bis das Licht angeht.

Wir wählen Partner des anderen Geschlechts aus drei Gründen:

(1) sie scheinen nett zu sein,
(2) sie sehen gut aus, und
(3) sie lieben Dich.

Drei blödere Gründe für die Wahl einer bestimmten **Person** kann ich mir nicht vorstellen.

Erstens ist „**Nett**" nur ein Schauspiel. Wenn Du Deine Beziehung zu dieser **Person** vertiefst, löst sich **Nett** in Luft auf. Zweitens ist „gutaussehend" eine Frage von Vorlieben. Dessen Wahrnehmung wird davon abhängen, wie nett Dich diese **Person** behandelt. Am Ende wird Dein Partner alt werden und weniger attraktiv, jedenfalls nach Deinen heutigen Maßstäben. Drittens: Natürlich lieben sie Dich! Wenn Du das Leben aus der Absolutheit der Liebe wahrnimmst, liebt Dich jede(r).

Wir behandeln Liebe, als sei sie Mangelware; als ob es, vielleicht, nur eine einzige **Person** auf der Welt gäbe, die uns richtig lieben könnte. Um die Illusion der Seltenheit von Liebe aufrechtzuerhalten, mußt Du schreiende Beweise für Liebe mißachten und übergehen. Das ist kein Problem, wenn Liebe in Deinem Leben nicht absolut ist.

In Anbetracht des gegebenen Überflusses an Liebe will ich mit Dir über eine Art der Partnerwahl reden, die funktioniert und Sinn macht. Für die Erörterung, was von dauerhaftem Wert eine andere **Person** in Dein Leben bringen könnte, mußt Du Dich selbst kennen. Reden wir also zuerst über Dich.

Du mußt über Dich wissen, was ich Deine **Position auf**

dem Beziehungsrad nenne, oder PBR. Eine Position auf diesem imaginären Rad ist Deine Antwort auf die Frage: „Was ist der Zweck einer Beziehung?“ Damit Dir diese Diskussion möglichst viel gibt, solltest Du zwei Dinge annehmen:

(1) Du hast nur eine Antwort, die irgendeinen **Unterschied macht**, und (2) Du kennst sie nicht.

Du kennst Deine eigene PBR nicht, weil Du Dich selbst darüber belogen hast, um vor Dir selbst gut auszusehen. Mit anderen Worten: Wenn Dein **Verstand** sich der Frage gegenüber sieht „Was ist meine PBR?“, dann ist die Antwort, die Du zurückerhältst, nicht als die Wahrheit gedacht. Eher ist sie dazu gedacht, Dich gut aussehen zu lassen. Dies deswegen, weil der **Verstand** gut aussehen mit überleben verbindet, und Überleben ist der Zweck des **Verstandes**.

Für die richtige Antwort auf die Frage „Was ist mein willkürlich gewähltes Ziel für eine Beziehung?“ mußt Du Dir den Beweis ansehen – Dein Leben. Um in dieser Angelegenheit zur Wahrheit zu gelangen, mußt Du den Standpunkt einnehmen, daß in jeder Beziehung, die Du je verloren hast, Du die verantwortliche Partei warst – daß es Deine Wahl war, diese Beziehung zu verlieren.

Wenn es also so scheint, als ob eine **Person** Dich verlassen hat, dann ist von diesem Gesichtspunkt aus in Wirklichkeit folgendes geschehen: Du hast entschieden „jetzt reicht's“, und hast diese **Person** vertrieben. Als er oder sie Dich verließ, hast Du Dich selbst bemitleidet, und hast vielleicht Deine Freunde mitgezogen, auch so zu empfinden.

Unter der Annahme, daß das oben gesagte wahr ist, frage Dich: „Welcher Tropfen brachte das Faß zum Überlaufen?“ Deine Antwort wird diese Form haben: „Ich habe erkannt, daß ich mit dieser **Person** niemals X bekommen würde, und darum habe ich diese **Person** abgeschoben.“

Du hattest diese Erkenntnis zu einem ganz bestimmten Zeitpunkt, beispielsweise am 4. Januar 1978 um 15:20h. Ich will Dir verdeutlichen, daß sie zu einem bestimmten Zeitpunkt auftrat. Deine Aufgabe ist hier, Dich an den bestimmten Zeitpunkt zu erinnern, und an die bestimmte Erkenntnis, daß Du niemals X bekommen würdest. Wenn X nicht Deine PBR ist, dann weist es wenigstens auf Deine PBR.

Es gibt eine scheinbar unendlich große Anzahl von „X"en oder **Positionen auf dem Beziehungsrad**. Also wollen wir uns einige davon ansehen, um zu zeigen, worum es geht.

EINIGE WENIGE MÖGLICHE POSITIONEN AUF DEM BEZIEHUNGSRAD

(Antworten auf die Frage: Was ist der Zweck einer Beziehung?)

1. Meine Lust
   Wenn dies Deine Antwort ist, dann bist Du in Beziehung, um durch die andere **Person** befriedigt zu werden. Wenn Du wahrnimmst, daß Du nicht befriedigt wirst, bist Du schon zum Absprung bereit. Alles, was dann noch zu tun bleibt, ist: genug Drama zu erfinden als Rechtfertigung, wie Recht Du hast, zu gehen, oder wie Recht Du hast, die andere **Person** zu vertreiben. Das mag einige Minuten oder einige Jahre dauern, je nachdem, wieviel Drama oder Beweis Du als Rechtfertigung Deiner Handlungen brauchst.
2. Deine Lust
   Wenn dies Deine Antwort ist, dann ist Dein sehnlichster Wunsch, Fußabtreter für jemand anders zu sein; der anderen **Person** ihr oder sein Vergnügen zu geben. Wenn diese **Person** Deine Dienste nicht annimmt, wirst Du sie abschieben.
3. Familie
   Wenn dies Deine PBR ist, dann siehst Du keinen Sinn darin, mit einer **Person** in Beziehung zu sein, wenn Du nicht zugleich eine Familie gründest.
4. Sex
5. Geld
6. Gegenseitige Unterstützung
7. Liebe und Kommunikation
8. Langlebigkeit

Diese Antwort bedarf einer Erklärung. Wenn dies Deine PBR ist, dann ist Dein Ziel, das Ende zu erreichen; wenn Du es schaffst, das Ende zu erreichen, dann gewinnst Du das **Langlebigkeits-Spiel**. Das „Ende" ist der Tod Deines Partners, oder Dein eigener Tod.

9. Erfolg

10. Gut dastehen
    Hier ist es Dir nicht wirklich wichtig, ob Deine Beziehung nach gewöhnlichen Maßstäben funktioniert. Was Du willst, ist, vor Deinen Freunden, Deinen Eltern, Deinen Kindern gut dazustehen. Die Beziehung ist eine Heuchelei. Aber sie ist eine authentische Heuchelei, weil Du es ja genau so willst.

11. Spaß
    Offensichtlich ist hier das Ziel, Deinem Vergnügen nachzugehen, was auch immer das für Dich bedeutet.

12. Höherer Zweck
    Wenn sich aus dieser Beziehung heraus nicht irgendeine großartige Transformation der Welt ereignet, dann kommst Du nicht wieder, Dieter.

13. Denk' Dir selbst einen aus – (das hast Du ja schon)

Du mußt Dir dies vergegenwärtigen: Welche PBR Du auch immer hast, Du bist Dir so sicher, daß sie die richtige Position ist, daß Du Dich nicht einmal fragen kannst, ob sie es ist oder nicht. Du denkst einfach alle Deine übrigen Gedanken von dieser ungedachten Annahme aus.

Aus diesem Grunde kannst Du mit einem potentiellen Partner keine vernünftige Diskussion über PBR führen. Du nimmst nämlich an, ohne das zu wissen, daß jede(r) mit einem bißchen gesundem Menschenverstand Deine PBR haben wird. Das besteht angesichts der Tatsache, daß Du über Deine eigene PBR halb-bewußt bist, oder wahrscheinlicher sogar völlig unbewußt.

Du willst Deine eigene PBR nicht wissen, da Du intuitiv weißt, daß sie Dich nicht gut aussehen lassen wird.

Warum? Weil Deine PBR, was auch immer sie ist, wichtiger ist als ein menschliches Wesen. Das heißt, Du wirst lieber Deine Beziehung zu jedem menschlichen Wesen opfern, als Deine PBR aufzugeben. Das läßt Dich Dir selbst so kalt-blütig erscheinen, wie Du bist.

Nichts-desto-weniger liegt großer Wert darin, Deine PBR zu entdecken. Unter dieser Bedingung kannst Du nämlich eine(n) Partner(in) mit derselben PBR wählen, wie Du sie hast. Wenn Du Dir Deiner eigenen PBR nicht bewußt bist, dann ist Partnerwahl wie im Dunkeln herumzutappen – es ist ein Spaß, und Du weißt nie, mit wem Du zusammensein wirst, wenn das Licht angeht.

Noch einmal: Der Weg, Deine PBR zu entdecken, führt über die Betrachtung des Zeugnisses Deines Lebens. Was war in der letzten Beziehung, die Du losgeworden bist, der Tropfen, der das Faß zum Überlaufen brachte? Als Du Dir klar wurdest, daß Du X nicht bekommen würdest, da hast Du das Weggehen gewählt, anstatt Deinen Wunsch nach X aufzugeben oder Deine(n) Partner(in) wertvoller als X zu machen. Wenn Du X findest, dann wird es zumindesten auf Deine **Position auf dem Beziehungsrad** weisen.

Eine letzte Frage. Ändert irgendwer jemals seine oder ihre PBR? Die Antwort ist: fast nie. Falls Deine PBR jemals genügend hohe Kosten in Deinem Leben schafft, so daß Du klar sehen kannst, daß der Preis größer ist als der Gewinn (das Rechthaben, dessen Du Dich mit dieser PBR erfreust), dann könntest Du Dich vielleicht ändern. Aber wenn Du das tätest, würdest Du doch nur eine andere PBR wählen, die so kalt-blütig und teuer wäre wie die vorige.

Hier ist Platz, wo Du Deine Position auf dem Beziehungsrad niederschreiben kannst. Ich weiß, daß Du das nicht willst. Tue es dennoch. Und: befrage den Beweis, um sie zu finden. Befrage nicht, ich wiederhole: Befrage nicht Deinen **Verstand**. Er wird Dich belügen, um gut auszusehen und den **Instinkt** zu überleben. Bei dieser Frage kannst Du Dich nicht auf das verlassen, was Du denkst. Du kannst Dich nur auf den Beweis verlassen.

Wachsamkeitsübung

1. Aus welchen drei Gründen wählen wir eine Person, um mit ihr in Beziehung zu sein?

2. Was ist eine PBR?

3. Wieviele PBR, die einen Unterschied machen, hat ein Individuum?

4. Wie geht man vor, um die eigene PBR zu entdecken? Kannst Du einfach Dich selbst fragen? Was geschieht, wenn Du das tust?

5. Was ist Deine PBR?

6. Ist es für eine **Person** möglich, ihre PBR zu ändern?

Antworten Seite 274

Kapitel 2

Das „schaffe eine Beziehung"-Spiel

Hier ist die Methode, nach der alle Beziehungen geschaffen werden, bewußt oder unbewußt. Ich schlage vor, daß Du die Methode bewußt machst.

Hier ist die Methode, mit der **Person** Deiner Wahl eine Beziehung zu schaffen. Wenn Du diese Prozedur korrekt durchführst, dann funktioniert sie. Du solltest also sorgfältig damit umgehen und sicher sein, daß Du eine **Person** in Deinem Leben willst. Die Schritte sind:

1. Lege eine Liste an
   Diese Liste sollte jeden für Dich wichtigen Aspekt eines potentiellen Partners detaillieren. Du bist vielleicht an Faktoren interessiert wie Alter, Größe, Gewicht, Haarfarbe, Bildungsgrad, Lebensziel, usw. Die Liste sollte einschließen, daß die **Person** auch verfügbar ist, wenn sie auftritt. Wenn Du möchtest, daß Deine neue **Person** Dich mag, dann solltest Du das aufnehmen. Sei so klug, mit aufzunehmen, daß die **Person** dieselbe PBR haben soll wie Du. Mit allem, was Du ausläßt, wird das **Wesen** Dir einen Streich spielen. Wenn Du das Alter ausläßt, wird die **Person** 50 Jahre älter sein als Du, oder so jung, daß Dich das in's Gefängnis bringen könnte. Wenn Du die Verfügbarkeit ausläßt, dann wirst Du die perfekte **Person** treffen, die mit jemand anders glücklich verheiratet ist.

2. Nenne Datum und Uhrzeit
   An diesem Tag, zu diesem Zeitpunkt, wird die **Person** in Deinem Leben sein. Sei genau: Jahr, Monat, Tag, und Uhrzeit.

3. Erschaffe das Erlebnis, Deine neue Beziehung zu diesem Zeitpunkt zu haben / nicht zu haben
   Beispiel: Gleichzeitig freudige Erregung, und Enttäuschung.
4. Zerstöre das Spiel
   Wirf Deine Liste weg, und denke nicht mehr an das Spiel. Das ist wichtig. Wenn Du auf dem Spiel hocken bleibst, wird es nicht funktionieren. Übergib es den Gesetzen des Universums und vergiß es.

Einige Tage oder Wochen nach dem Zeitpunkt, den Du genannt hattest, wirst Du bemerken, daß da eine neue **Person** in Deinem Leben ist, und daß er oder sie genau zu Deiner Liste paßt.

Diese Übung wird die **Person** in Dein Leben bringen. Immer noch bist Du dafür verantwortlich, aus dieser Beziehung alles zu machen, was sie sein kann. Am Anfang wirst Du wissen, daß Du Dich glücklich schätzen kannst, diese Person zu haben. Im Mittelteil wird sich das zu dem Gedanken verändern, daß die andere Person sich glücklich schätzen kann, Dich zu haben – dann beginnt das Drama. ■

Wachsamkeitsübung

1. Was sind die vier Schritte des „schaffe eine Beziehung"-Spiels?

2. Wer ist verantwortlich dafür, was geschieht, nachdem Du die neue Person hast?

3. Wann fängt das Drama an?

Antworten Seite 274

Kapitel 3

Sex, Macht und Einfluß

Das Geheimnis lüften

Da eines Mannes Lust von der Lust seiner Frau abgeleitet ist, und nicht umgekehrt, fällt der Frau die Aufgabe zu, den Mann zu unterrichten, und nicht andersherum.
Also sind Frauen in einem umfassenderen Sinne für ihre Beziehungen zu Männern verantwortlich. Kraftvolle Frauen wissen das. Nicht kraftvolle Frauen behaupten das Gegenteil. Das Wissen, nichts anderes, erzeugt Frauen-Macht.

Über Sexualität im **Mann/Frau-Spiel** zu sprechen, ist notwendig zur Unterscheidung vom **Junge/Mädchen-Spiel**. Wenn im **Junge/Mädchen-Spiel** eine Person die andere will, dann wird die andere wahrscheinlich umgekehrt nicht wollen. Wenn im **Mann/Frau-Spiel** eine Person die andere will, dann wird die andere wahrscheinlich umgekehrt auch wollen. In diesem Band befassen wir uns nicht mit dem **Junge/Mädchen-Spiel**, obwohl es von vielen Erwachsenen gespielt wird. Dieser Band ist über das **Mann/Frau-Spiel**.

Wenige Menschen haben ein Problem mit der Sexualität selbst, aber viele Menschen sehen, wie sich die Folgen ihrer Probleme beim Sex zeigen. Die grundlegende Schwierigkeit beim Sex ist Unaufrichtigkeit und Mangel an Kommunikation. Wenn Du über Sexualität in einem unechten Schauspiel existierst, und wenn Du ein Selbstbild hast, das du glaubst aufrechterhalten zu müssen, dann kannst Du nicht aufrichtig über Sexualität kommunizieren. Umgekehrt ist Wahrheit die machtvollste Stimulation, die es gibt – einfach die komplette Wahrheit zu sagen. Es gibt keinen anderen Liebestrank wie diesen.

Üblicherweise halten sich Männer (und erinnere Dich: alle Männer sind Machos) für große Liebhaber. Das ist so, weil es nur wenige Frauen gibt, die einem Mann die Wahrheit über ihr Erleben von Sex erzählen würden. Die meisten Männer wissen wenig über Sex, und das ist so, weil es nur wenige Frauen gibt, die es wagen würden, einen Mann irgendetwas über irgendetwas zu lehren, einschließlich Sex.

Männer sind wie andere Menschen auch. Wenn sie über eine Sache nichts lernen, dann werden sie über diese Sache nichts wissen. Da sie aber Männer sind, mit einem Teil ihres **Selbst** „klüger", werden sie sich die Vorstellung zurechtlegen, daß sie alles darüber wissen.

Frauen sind über Sex vergleichsweise schweigsam, weil jede Frau weiß, wie empfindlich das Ego eines Mannes ist. Anstatt das Risiko einzugehen, ihn zu verlieren, wird sie ihm vorlügen, wie großartig er ist, und wenn sie es nicht mehr ertragen kann, wird sie ein großes Durcheinander erfinden, und so Sex überhaupt vermeiden.

Also Frauen, wenn ihr einen Mann wollt, der sein Geld wert ist, das geht so: Nimm irgendeinen Mann und lehre ihn. Zuerst finde etwas, für das Du ihm einen Sieg gewähren kannst. Daß er einfach da ist, ist etwas, für das Du ihm danken kannst, wie in „Danke, daß Du diese Zeit mit mir verbringst". Das kannst Du sagen, auch wenn er alles falsch macht. Also, mache ihm irgendein Kompliment, und gib ihm unmittelbar im Anschluß an das Kompliment eine Belehrung. Dann mache ihm Kompliment dafür, wie er Deine Belehrung ausführt, und gib ihm eine neue Belehrung. Tue dies so oft wie nötig, um ihn gemäß Deinem Geschmack zu unterrichten. Wenn er seine Lehre abgeschlossen hat, wirst Du einen seltenen Edelstein in Händen halten. Und, sei geduldig – Männer sind langsam.

Männer, wenn ihr so großartig sein wollt, wie ihr zu sein glaubt, seid lernfähig. Die höchste Intelligenzstufe, die ein Mann auf dem Felde Mann / Frau (einschließlich Sex) je erreicht, ist, daß er nicht alles weiß, sondern in Wirklichkeit sehr wenig davon weiß. Versuche nicht, einer Frau etwas beizubringen – Deine Lust ist von ihrer Lust abgeleitet, nicht umgekehrt, also ist die Ausbildung ihre Aufgabe.

Diese Situation ist aus einer einfachen biologischen Tatsache abgeleitet. Frauen haben die Fähigkeit, sich selbst zu stimulieren, wann immer sie es wünschen, mit oder ohne Kerzenlicht, Romantik, oder irgendetwas sonst, das Du nennen kannst. Männer andererseits stimulieren sich nicht selbst. Ein Mann wird von einer Frau stimuliert. Neben den offensichtlichen Arten, wird der Mann durch den Geruchssinn stimuliert. Das ist das versteckte Trumpf-As einer Frau, eben weil Männer dessen so unbewußt sind.

Frauen sondern an verschiedenen Stellen ihres Körpers bislang noch nicht identifizierte chemische Wirkstoffe ab, und atmen sie aus, die eine starke Wirkung auf Männer haben. Das erste Ereignis ist also die Entscheidung der Frau, zu stimulieren. Das zweite Ereignis ist die Produktion dieser Substanz, und das dritte Ereignis ist die Reaktion des Mannes: seine Erregung. Ich betone Reaktion: sekundär, nicht primär. Männer nehmen genau das Gegenteil an, und demonstrieren damit wieder ihre begrenzte Bewußtheit.

Abgeleitet aus der einfachen Tatsache, daß Frauen für die Stimulation verantwortlich sind, sind sie in einem umfassenderen Sinne verantwortlich für die Beziehung selbst. Das schließt auch die Position ein, die „der Mann" genannt wird. Alle kraftvollen Frauen wissen das.

In einer kraftvollen **Mann/Frau Beziehung** bestimmt die Frau. Ihr gehört eine natürliche Autorität, abgeleitet aus Natur und Weisheit. Sie weiß das und er weiß das. Sie liebt es und er liebt es. Nichts anderes erzeugt Kraft. ■

Wachsamkeitsübung

1. Was ist die Quelle männlicher Lust beim Sex?
2. Wessen Aufgabe ist es, wen zu unterrichten?
3. Ist es möglich, daß Sexualität selbst ein Problem ist?
4. Was ist der stärkste Liebestrank der Welt?
5. Warum denken fast alle Männer, sie seien so großartige Liebhaber?
6. Warum sind Frauen über Sex ihren Männern gegenüber so schweigsam?
7. Wie kann eine Frau einen Mann ausbilden?
8. Wie kann ein Mann sich selbst lernfähig machen?
9. Wer ist für die Stimulation zuständig?
10. Wer bestimmt in einer kraftvollen **Mann / Frau Beziehung?**

Antworten Seite 274

Kapitel 4

Wählen und gewählt werden

Vor der Beschäftigung mit dem „Paarungs-Akt" ist es von entscheidender Wichtigkeit, daß Du Dir darüber klar wirst, wer in einer Mann / Frau Beziehung wen wählt. Du bist entweder ein Mann ober eine Frau. Das ist nicht dasselbe.

Weil Frauen für die sexuelle Stimulation zuständig sind, und weil dies – ob Dir das gefällt oder nicht – der Ursprung einer **Mann / Frau Beziehung** ist, muß bei Frauen und Männern einer wählen und einer gewählt werden. Weil das Geschlecht, das nicht die Wahl trifft, ein zerbrechliches Ego hat, wird das wählende Geschlecht, wenn sie klug ist, die Sache für das Geschlecht, das nicht die Wahl trifft, so einrichten, daß er denkt, er sei an der getroffenen Wahl irgendwie beteiligt gewesen, auch wenn dem nicht so war.

Der Anfang einer **Mann / Frau Beziehung** sieht üblicherweise aus wie ein Zirkus. Der Mann führt verschiedene Kunststücke auf in der Hoffnung, daß ihm eines davon abgekauft wird. Tatsache ist, daß sie ihn bereits gewählt hat, wenn er seine Nummern durchspielt. Seine Nummern können aber dazu führen, daß er wieder abgewählt wird, wenn sie nur grotesk genug sind.

Nahezu immer sind die Nummern des Mannes ein Ausdruck von „Sieh', wieviel besser, schneller, stärker und klüger ich bin". Obgleich sie beträchtlich intelligenter ist, ist – falls sie ihn noch ertragen kann – ihre übliche Antwort, ihn glauben zu lassen, sie hätte ihm das abgekauft.

Also, Männer: Wenn Du in Beziehung mit einer bestimmten Frau sein willst, ist das wirksamste, was Du tun kannst, für sie in Erscheinung zu treten, so daß sie Dich wählen kann. Wenn sie Dich nie sieht, und nicht von Deiner Existenz weiß, dann ist es unwahrscheinlich, daß sie Dich erwählt. Wenn es Dir andererseits widerfährt, daß Du in ihr Gesichtsfeld gerätst, dann hat sie in einem gewissen Sinne Dich bereits erwählt -- wenigstens, um für sie in Erscheinung zu treten.

Laß' uns ehrlich darüber sein, was Frauen wollen. Erstens wollen Frauen einen Mann, der (er-)tragbar ist. Einige Männer sind so sehr Macho, und so unklar darüber, was eine Frau ist, daß keine lebende Frau sie ertragen kann. Zweitens will sie einen Mann, der weise genug ist, ihre Autorität anzuerkennen. Na klar, es hilft, wenn Du gut aussiehst oder reich bist. Aber diese Faktoren verblassen im Vergleich zu Ertragbarkeit, und Anerkennung ihrer Autorität.

Männer, ihr denkt vielleicht, ihr müßtet ein echter Arbeiter sein, ein echter Produzierer, und dazu noch großartig im Bett. Schau, wenn Du (er-)tragbar bist, und ihre Autorität anerkennst, dann wird sie Dich zu einem echten Produzierer machen, und sie wird aus Dir den größten Liebhaber machen, der je gelebt hat. Das liegt in der Natur ihrer Kraft.

Männer, ihr könnt auf das hören, was ich euch sage, oder ihr könnt losziehen und 20 Jahre lang mit dem Kopf gegen die Wand rennen, wie ich es getan habe. Und es wird sehr schwer für Dich sein, mich zu hören, weil Du den Standpunkt hast, klüger zu sein. Und wenn Du klüger bist, ist es schwer, zu entdecken, daß Du damit unrecht hattest.

Schaut mal, Jungs, dies ist ungefähr die höchste Klugheit über Mann / Frau, die ihr je erreichen werdet: Zu wissen, daß Du neben einer Frau nichts weißt. Wenn du so klug wirst, dann bist Du so klug, wie überhaupt ein Mann werden kann. Wenn Du denkst, daß Du über Mann / Frau mehr weißt als irgendeine Frau, dann bist Du auf derselben Stufe wie die meisten Männer: sehr dumm.

Frauen, ihr könnt weiterhin so tun, als ob nicht ihr das Sagen hättet – falls es das ist, was ihr tut – und als ob ihr keine Autorität hättet. Aber wenn Du das tust, dann wirst Du auch weiterhin Blödmänner in Dein Leben bringen, wie den vorigen, oder den, den Du jetzt hast. Nichts bringt eines Mannes Untragbarkeit so zum Vorschein, wie

Dein falsches Vorgeben, daß er das Sagen hätte und irgendetwas wüßte. Selbst wenn Du einen ertragbaren Mann in Dein Leben bekommst, wird er bald untragbar werden, wenn Du nicht Deine natürliche Autorität in Anspruch nimmst. Übrigens, ich meine damit nicht, daß Du zu Deinem Mann gemein sein sollst. Das ist das Gegenteil von Inanspruchnahme Deiner Autorität in seinem Leben.

Indem ich diese Dinge sage, will ich keinesfalls andeuten, daß Männer nie widersprechen oder sich nie in der Öffentlichkeit zeigen sollten. Tatsächlich ist eines der Dinge, die Männer gut können, sich selbst zu äußern. Ich will sagen, daß ein Mann, der das oben Erörterte weiß, mehr Kraft hat, sich, seine Fähigkeiten auszudrücken, und seinen Beitrag zu leisten. Nichts ist so kraftvoll wie ein Mann, der durch Frauenkraft unterstützt wird. Keine Frau wird einem Mann, der sich selbst unerträglich macht, im entferntesten so viel Kraft geben, wie sie besitzt. ■

Wachsamkeitsübung

1. Wer wählt wen bei einem Mann und einer Frau, die bald in Beziehung sein werden?

2. Was ist die soziale Heuchelei darüber, wer wen wählt?

3. Wozu dient diese Heuchelei?

4. Auf welche beiden Dinge achten Frauen bei Männern?

5. Wenn ein Mann in Beziehung mit einer bestimmten Frau sein möchte, was ist dann sein bester Schachzug?

6. Was drückt ein Mann aus, wenn er sich in seine Kunststücke begibt?

7. Was sind die besten Schachzüge, wenn ein Mann ein großartiger Liebhaber und ein großartiger Produzierer sein möchte?

8. Was ist der höchste Grad an Intelligenz über Mann/Frau, die ein Mann erreichen kann?

9. Eine Frau, die ihre Autorität leugnet, erschafft was in einem Mann?

Antworten Seite 275

Kapitel 5

Formen, Beziehungen zu beenden

Es ist nicht so schlimm, wie Du denkst.

Beziehungen enden nicht, aber die Form nahezu jeder Deiner Beziehungen wird enden. Eine Beziehung „beenden“ bedeutet, die Wahrheit anzuerkennen, daß die alte Form abgeschlossen ist, und zu schauen, was die neue Form ist.

Alles, was einen Anfang hat, hat einen Mittelteil, und ein Ende, jedenfalls in diesem Leben. Wenn Du also eine Beziehung anfängst, dann kannst Du sicher sein, daß es ein Ende geben wird. Das Ende mag im Tod von einem von euch liegen, oder die Beziehung mag vorher enden.

Tatsächlich hat jede Beziehung einen Zweck, eine Lektion, auch wenn diese Lektion vielleicht lange Zeit nicht klar ist. Wenn dieser Zweck oder diese Lektion vollendet ist, und kein verwandter Zweck der Beziehung innewohnt, dann ist sie in dieser Form beendet. Es ist stimmig und angemessen, das Ende dieser Form öffentlich anzuerkennen.

Wenn eine Lektion vollendet ist, dann ist sie vollendet. Du kannst das bedauern oder feiern, sie ist doch vollendet. Wenn Du willst, kannst Du jahrelang den Schein wahren. Menschen tun das, weil sie glauben, daß sie das gut aussehen läßt, oder ihnen vermeiden hilft, schlecht auszusehen. Eine tote Beziehung trägt ungefähr so viel zum „Gut-Aussehen“ Deines Lebens bei, wie ein totes Pferd zum Stil Deines Wohnzimmers beiträgt.

Wir halten das Ende einer Beziehung im **Zustand des Mißerfolgs**. Wir denken von der Annahme her, daß das

Ende einer Beziehung ein Mißerfolg ist. Wir werden selten bewußt genug, uns zu fragen, ob es wirklich ein Mißerfolg war oder nicht.

Die Wahrheit ist, daß Mißerfolg, oder Erfolg, in dieser Angelegenheit nicht existiert. Erfolg oder Mißerfolg ist ein Gespräch, das Du über etwas führst, nachdem es bereits Tatsache ist, mit anderen Worten: eine Interpretation. Wenn Du denkst, daß Erfolg oder Mißerfolg wirklich sind, zeige mir welche. Wo sind sie? Ich kann Dir einen Stuhl zeigen, oder ein Glas, weil diese Dinge wirklich sind. Kannst Du mir Erfolg oder Mißerfolg zeigen?

Warum nicht das Ende einer Beziehung im **Kontext von Erfolg** halten, da es doch so ein „Ding" wie Erfolg oder Mißerfolg nicht gibt? Ist es so schlimm, die Wahrheit über etwas zu feiern? Wenn etwas seinen Zweck erfüllt hat: ist es nicht das, was wir am Anfang gewünscht hatten?

Indem ich dies sage, will ich Menschen nicht raten, einander im Zorn zu verlassen, oder in irgendeiner anderen Form der Unvollständigkeit, und dann so zu tun, als ob das ein Erfolg war. Ich sage: Solange in einer Beziehung Wert ist, und solange eine Beziehung nicht vollendet ist, bleibe in ihr.

Wenn Du in einer Beziehung verwirrt bist, dann ist sie noch nicht vollendet – es ist immer noch Wert für Dich darin – und es ist nicht an der Zeit, sie zu verlassen. Wenn sie aber in der alten Form tot ist, dann erkläre sie für tot und feiere dies angemessen.

In Wirklichkeit enden Beziehungen niemals. Sie ändern nur ihre Formen. Wenn Du beispielsweise je einen Ehemann oder eine Ehefrau hattest, dann hast Du immer noch einen / eine (oder wieviele auch immer), auch wenn sich die Form der Beziehung, also wie ihr euch aufeinander bezieht, geändert haben mag. Es gibt wirklich kein solches Ding wie eine „Ex-Frau" oder einen „Ex-Mann". Wenn sie es je waren, sind sie es noch. Erfreue Dich an der neuen Form, und gib so der Vergangenheit Deinen Segen. ■

Wachsamkeitsübung

1. Was geschieht, wenn eine Beziehung „endet"?

2. Alles, was einen Anfang und eine Mitte hat, hat auch was?

3. Welche beiden Wahlen hast Du, wenn eine Lektion abgeschlossen ist?

4. In welchem Zustand halten wir das Ende einer Beziehung?

5. Was ist Erfolg? Was ist Mißerfolg?

6. Was kannst Du über eine Beziehung sagen, wenn Durcheinander in ihr ist?

Antworten Seite 275

Kapitel 6

Loyalität

Jetzt sehe ich mir an, was mich bewegt, Bücher wie diese zu schreiben. Es kann nur Loyalität genannt werden. Ich habe gewählt, loyal zu Dir zu sein, zu allem, was Du bist, und zu allem, was Du sein kannst. In Beziehung zu Menschen, seien es Männer oder Frauen, ist diese eine Qualität diejenige, die am meisten gewünscht und gewürdigt wird.

Loyalität ist die Qualität, dem treu zu bleiben, was eine **Person** ist, und einer **Person** zu vergeben, wenn sie dieses Ziel verfehlt. Jeder kann Liebe wirklich werden lassen, wenn keine Probleme da sind. Jeder kann am Anfang Liebe wirklich werden lassen, wenn die Liebe neu und frisch ist, bevor die Geschichte der Fehler der anderen **Person** angehäuft ist. Jeder kann den Prinzen oder die Prinzessin lieben. Es braucht schon wirkliche Charaktergröße, um so für die Liebe einzustehen, daß keine Verwirrung, kein Fehler, keine Wendung der Ereignisse das schwächen kann.

Ich möchte Dir das vermachen, was Liebe ist. Liebe ist nicht ein Gefühl, andernfalls liebst Du, dann liebst Du nicht, Du tust es, und Du tust es nicht. Die Tatsache ist, daß Du liebst, immer liebst, wenn Liebe ein **heiliges Gelöbnis** ist.

Ich weiß, Du liebst Deine Position darüber, wozu eine Beziehung da ist. Ich weiß, Du liebst, was Du aus all' dem herausholen zu können glaubst. Aber das ist nicht im Herzen der Angelegenheit. Im Herzen der Angelegenheit ist ein **Wesen**, Du. Du, der/die Du versprichst, zu lieben; versprichst, diese Liebe auf die beste Weise auszudrücken, die Du kennst, in jedem Augenblick neu. Sicher wirst Du Fehler machen – das ist nicht der Punkt. Der Punkt ist, wer beim Herzen der Angelegenheit ist.

Um mit dem Schreiben dieses Bandes anzufangen, gab ich das **heilige Gelöbnis**, Dich zu lieben. Ich versprach mir selbst, in jedem neuen Satz diese Liebe auf die beste Weise auszudrücken, die ich kenne. Ich wußte, daß ich Fehler machen würde. Du hast sie wahrscheinlich bemerkt. Ich bin nicht so sehr interessiert daran, daß Du den genauen Inhalt dieser Bücher siehst. Ich bin daran interessiert, daß Du das Herz der Angelegenheit siehst, von wo der Inhalt kommt, und von wo Du kommst. Ich liebe Dich.

Es ist Deine grundlegende Möglichkeit, ein **heiliges Gelöbnis** abzulegen, Liebe zu nehmen und sie Dein gesamtes Leben hindurch nach bestem Wissen zu offenbaren. Darum bitte ich Dich, um nichts sonst. ■

ARBEITSBLATT

Zu Deiner Erinnerung hier eine Übersicht des Materials in diesem Buch:

Buch X: Beziehungen schaffen, erhalten und beenden
1 Das Beziehungsrad
  – Einen Partner im Wachzustand wählen
2 Das „schaffe eine Beziehung"-Spiel
3 Sex, Macht und Einfluß
  – Das Geheimnis lüften
4 Wählen und gewählt werden
5 Formen, Beziehungen zu beenden
6 Loyalität

Einsichten in mein eigenes Leben, die ich aus dem Lesen von Buch X gewonnen habe:

1.

2.

3.

4.

5.

Welche auf diesen Einsichten beruhende Handlungen plane ich, einschließlich des Zeitpunktes, zu dem jede einzelne vollendet sein wird:

1.

2.

3.

4.

5.

Ein Gruß an den Leser

Vielleicht ist es für Dich offensichtlich, daß dies insgesamt ein kraftvolles Buch ist, und daß ich ein kraftvoller Schreiber bin. Wenn Dir dies klar ist, möchte ich Dich wissen lassen, weshalb ich ein kraftvoller Schreiber bin. Ich bin ein kraftvoller Schreiber, weil ich kraftvolle Leser habe, und aus keinem anderen Grunde.

Tatsächlich gibt es ohne kraftvolle Leser keine kraftvollen Schreiber. Bis ein kraftvoller Leser ein Buch aufnimmt, ist ein Buch nur Papier und Druckerschwärze, fast nichts wert. Wenn ein nicht-kraftvoller Leser ein Buch liest, sinkt der Wert des Buches unter null.

Ich kenne die Natur Deiner Kraft. Ich kann sie in den Muskeln und Sehnen meines Körpers spüren. Ich anerkenne Deine Kraft. Ich bin privilegiert, indem Du Deine Kraft diesem Buche verliehen hast. Danke.

Die Vollendungs-Übung

Hier ist eine der Tatsachen des Lebens: Erfahrungen, die Dir wertvoll erscheinen, entfalten nicht ihr wahres Potential für Wert, bevor sie mit anderen Personen geteilt werden. Um das volle Potential des Wertes dieses Bandes zu erreichen, schaffe Dir unten eine Liste von Menschen, mit denen Du diese Bücher teilen willst, einschließlich des Datums, bis zu dem Du sie geteilt haben wirst, und der Form des Teilens (z.B. Empfehlung oder Geschenk). Auch wenn Du das nicht tun möchtest, tue es jedenfalls.

Person	Zeitpunkt	Form
1.		
2.		
3.		
4.		
5.		
6.		
7.		
8.		
9.		
10.		
11.		
12.		

Wohin von hier aus

Wenn Du diese Bücher sorgfältig gelesen hast, und alle Übungen vollendet, dann kannst Du erwarten, daß Meisterschaft in Deiner Beziehung zum anderen Geschlecht erscheint – wenn, und nur wenn, Du nicht aus der Information in diesen Büchern ein Glaubenssystem machst; und wenn, und nur wenn, Meisterschaft Dein beabsichtigtes Ziel beim Lesen war. Wenn Du erst einmal jede Seite vollständig gelesen hast, und alle Übungen gemacht, dann solltest Du diesen Band weglegen und nicht wieder lesen, bis Du für die nächste Stufe der Meisterschaft bereit bist. Dann erst solltest Du ihn von vorne bis hinen lesen und alle Übungen machen, so, als ob es nie ein erstes Lesen gegeben hätte.

Erinnere Dich: Auf der Straße zur Meisterschaft sind Beschleunigung und Durcheinander, die beiden Folgen, die ich Dir am Anfang versprochen habe. Wie lange braucht es bis zur Meisterschaft? Bei mir waren es 20 Jahre. Du bist vielleicht nicht so langsam wie ich. Erinnere Dich, wer die große Lehrerin ist: Das Leben selbst. Alle anderen Lehrer(innen) sind ihre Gehilfen.

Einladung

Das Training zur Stärkung der Mann / Frau Beziehung

Um Das Training zur Stärkung der **Mann / Frau Beziehung** auch in Deine Stadt zu bringen, nimm direkt mit Ron Smothermon Kontakt auf.

The Man / Woman Institute
P.O. Box 2909
Rohnert Park, CA 94928-6506
(707) 584-4423

Anm. des Verlages:
Bitte formuliere alle Anfragen, Stellungnahmen, etc., die direkt an Ron Smothermon gerichtet sind, in englischer Sprache.
Ron Smothermon führt das Mann / Frau-Training auch in Europa durch. Informationen hierzu über den Context Verlag, Postfach 1750, D-4800 Bielefeld 1

Die Antworten
Auf die Fragen der Wachsamkeitsübungen

Buch I, Kapitel 1

Seite 38

1. Die Beziehung, die alle Männer zu allen Frauen haben und alle Frauen zu allen Männern, in deren Grenzen die individuellen Mann/Frau Beziehungen eingeschlossen sind und sich ausdrücken
2. Instinkt und Geist
3. Der geistige kann sich ändern, der instinktive nicht
4. Fünf Millionen Jahre
5. Nach dem Maß an Meisterschaft im Leben, die sie herbeiführt

Buch I, Kapitel 2

Seite 41

1. Am leben bleiben
2. das **Mann/Frau-Spiel**
3. Sexualität
4. Integration in Dein übriges Leben
5. Wohlgefühl, Freude, Glück, Achtung

Buch I, Kapitel 3

Seite 46

1. Ja: Durch eine nukleare Katastophe
2. Ja: Durch einen Zufall
3. Genügend viel Zeit
4. Hunger und Krieg, und die Mittel, beides zu beenden
5. Eine nukleare Katastophe

Buch I, Kapitel 4

Seite 50

1. Das **männliche Macho-Ego**
2. Das **männliche Macho-Ego**
3. Ein **männliches Macho-Ego** nachahmen
4. Die vier unbewußten Gedanken: Ich bin besser, schneller, stärker und klüger

5. Beherrschung der Angst in einem männlichen Kind, damit es funktionieren und lernen kann
6. Acht bis 18
7. Keine

Buch I, Kapitel 5

Seite 54

1. Die Fähigkeit, Konfliktlösungen zu finden, ohne auf Gewalt zurückzugreifen oder auf Vorherrschaft, die auf Gewaltandrohung beruht
2. Hinten
3. Mögliche Gewalttätigkeit, und die Tatsache, daß Männer stärker sind
4. „Ich muß einen Mann haben, oder ich werde sterben“
5. Ungezählte Generationen weiblicher Vorfahren, für die dieser Gedanke wahr war
6. Nachts, alleine
7. Welche Faktoren halten das **weibliche Prinzip** im hinteren Teil des **Lebensbusses**?

Buch I, Kapitel 6

Seite 58

1. Die Vorstellung, daß niemand einen Unterschied macht
2. Ehre, Anerkennung und Bestätigung
3. Alle Schnittpunkte verändern sich
4. Die Wirklichkeit des Todes

Buch II, Kapitel 1

Seite 65

1. Als passiv: Etwas, das man nicht tut
2. Die aktive und die passive
3. Nicht lügen und aktiv die Wahrheit sagen
4. Aufrichtig handeln, ohne auf Belohnung aus zu sein
5. Passiv bleiben und/oder Lügen erzählen, wenn es an der Zeit wäre, die Wahrheit zu sagen
6. Die Wahrheit sagen oder lügen oder schweigen, um das Leben zu manipulieren, um eine Belohnung zu erhalten, usw.

Buch II, Kapitel 2

Seite 68

1. Der Abstand zwischen dem Zentrum der Zielscheibe und der Stelle, an der der Pfeil tatsächlich trifft

2. Unter der Bedingung, daß Du zweckfrei aufrichtig bist und handelst
3. (1) Genaue Information, (2) die Wahrheit über Dein Erleben sagen, (3) die Nummern 1 und 2 eigenverantwortlich, zweckfrei tun
4. Sie existiert nicht – das heißt, sie ist kein Ding. Oder auch: Sie ist der Kontext, der Gegensätze ohne Widerspruch enthält
5. Nein, *die* **Wahrheit** ist unsagbar
6. Deine Wahrnehmung der Tatsachen

Buch II, Kapitel 3

Seite 73

1. Direktes Gewahrwerden des **Wesens**
2. (1) Vertrauen
   (2) Mitgefühl
   (3) Erfolg
   (4) Authentizität
   (5) Angemessenheit
   (6) Höhere nutzbare Intelligenz
3. Verlust der Lebendigkeit in Beziehungen
4. In menschlichen Wesen
5. Behaglichkeit
6. Heuchelei
7. Drama

Buch III, Kapitel 1

Seite 80

1. Kein Gegenteil haben
2. Freude, von der jedes Erleben ein Ausdruck ist
3. Wir müssen „den Preis zahlen“
4. Das Paradies, der Garten Eden
5. Die Welt, oder Hölle

Buch III, Kapitel 2

Seite 84

1. Ja
2. Eine bestimmte Art von Gelöbnis
3. Dein Leben lang
4. Alle drei

Buch III, Kapitel 3

Seite 88

1. Nein

2. Ja
3. Durch die Kontexte, die wir erschaffen
4. So etwas gibt es nicht
5. Liebe, die kein Gegenteil hat, für die jegliche Äußerung ein Beweis ist
6. Indem Du ein lebenslängliches Gelöbnis ablegst, und für den Rest Deines Lebens mit Deinem Leben dafür eintrittst

Buch IV, Kapitel 1

Seite 95
1. Die Fähigkeit, Kontexte zu schaffen
2. Sobald man Fragen stellen kann
3. Der Kontext „menschliche Wesen-heit"
4. Mann-heit und Frau-heit

Buch IV, Kapitel 2

Seite 98
1. Einem Kind beim Überleben zu helfen, bis es aus sich selbst heraus überleben kann
2. Unseren **Persönlichkeits-Wettbewerb** zu gewinnen
3. Sie ist der Ursprung Deiner Beziehung zu allen Männern und allen Frauen
4. Der Mann und / oder die Frau, die Dir beim Überleben halfen, bis Du aus Dir selbst heraus überleben konntest

Buch IV, Kapitel 3

Seite 101
1. Die Fähigkeit, eine Frage zu stellen
2. Dein Erleben Deiner Beziehung zu Deiner Mutter
3. Sie wird zu unserem **Selbst**, d.h. Du nimmst den Standpunkt ein, daß sie die **absolute Wahrheit** sei. Du vergißt, daß Du eine hast, d.h. Du wirst Deine Liste und Deine Liste wird Du.

Buch IV, Kapitel 4

Seite 106
1. Sie fälschlich für *die* **Wahrheit** halten, und sie werden
2. Dazu werden und versuchen, seine Richtigkeit zu beweisen
3. Nicht wissen, was Deine Standpunkte sind, die Du über das Leben eingenommen hast. Das heißt: Ihrer unbewußt zu sein, und das Leben von ihnen aus zu interpretieren, als ob sie *die* **Wahrheit** wären

4. Die Frau widersprach Deiner Liste
5. Du hast ihn oder sie einem strengen Programm zur Verhaltensänderung unterworfen, um die Richtigkeit Deiner Liste zu beweisen
6. Um Vollendung zu bewirken: Akzeptieren des Lebens wie es ist, und der Menschen wie sie sind

Buch IV, Kapitel 5

Seite 110

1. Bevor Du Deiner Mutter die Anerkennung entzogen hast
2. Um sie zu einer Veränderung zu manipulieren, und um Deinen **Persönlichkeits-Wettbewerb** für sie zu gewinnen
3. Du wirst un-authentisch zu allen Frauen
4. Bis zur Wiederherstellung der Anerkennung

Buch IV, Kapitel 6

Seite 113

1. Du bist der Beweis
2. Auf Deinem Stuhl
3. Du kehrst zurück zur Authentizität mit allen Frauen, Du wirst in Beziehung zu Deiner Mutter erwachsen, und sie vollendet die Mutterschaft
4. In Innern des Tresors

Buch IV, Kapitel 7

Seite 117

1. Im **Instinkt**
2. Den Standpunkt der Absolutheit von Mutterliebe einnehmen
3. Das **Reich der Gegensätze**
4. Den Standpunkt einnehmen, das Liebe absolut ist
5. Überhaupt nicht

Buch IV, Kapitel 8

Seite 121

1. Verlust der Authentizität mit allen Frauen
2. Ja
3. (1) Sie hat ihre Aufgabe erfüllt
   (2) Sie hat Dich absolut geliebt
4. Du
5. Wiederholung
6. Nein

Buch V, Kapitel 1
Seite 127
1. Alle
2. Die **Nummer vom starken Mann**

Buch V, Kapitel 2
Seite 130
1. Um ihre Gebärfähigkeit
2. Die **Vision** haben

Buch V, Kapitel 3
Seite 133
1. Vater
2. Überleben
3. Uns glücklich machen
4. Sie ist verständlich und einfach
5. Vater
6. Vater
7. Vater

Buch V, Kapitel 4
Seite 136
1. Etwa zwischen 12 und 15
2. Willkürliche Standpunkte darüber einnehmen, wozu man im Leben gut ist
3. Vater
4. Genauso zu werden wie jemand, beispielsweise Vater

Buch V, Kapitel 5
Seite 139
1. Irgendetwas über gefährlich sein
2. Der Teil, den zu akzeptieren Du Dich geweigert hast

Buch V, Kapitel 6
Seite 143
1. Der **Überlebensplan** eines Kindes
2. Du lebst
3. Daß er Deinen **Persönlichkeits-Wettbewerb** gewänne
4. Ja
5. Niemals
6. Ihn dazu zu manipulieren, daß er sich ändert und Deinen **Persönlichkeits-Wettbewerb** gewinnt
7. (1) Er hatte Anteil an Deiner Erschaffung
   (2) Er hat es mit Dir ausgehalten
   (3) Er hat Dich absolut geliebt

Buch V, Kapitel 7
Seite 147
1. In einer authentischen, wahrhaftigen Beziehung sein
2. Durch Einnahme des Standpunktes, daß die Liebe des Einzelnen absolut ist
3. Nein
4. Wie in einem Gebet

Buch VI, Kapitel 1
Seite 154
1. Gottes Eingreifen
2. Alles
3. **Es gibt keine Antwort**

Buch VI, Kapitel 2
Seite 157
1. (1) Veränderung ist möglich ohne allzu große Mühe, und
(2) Glücklichsein ist eine Folge von Veränderung
2. Komplexe Ratten
3. Da sie einfach sind, werden Ratten sich schließlich neu programmieren, wenn etwas nicht wirkt. Menschen sind zu kompliziert dafür.
4. Das Erleben von Befriedigung

Buch VI, Kapitel 3
Seite 160
1. Du
2. Verändern
3. Diejenigen Züge anderer, die zu akzeptieren Du Dich geweigert hast
4. Nichts
5. Zu Mutter und Vater und einigen wenigen anderen in Deiner frühen Kindheit; in erster Linie zum Elternteil desselben Geschlechts
6. Du wirst ein Schein
7. Es gibt keinen Weg

Buch VI, Kapitel 4
Seite 163
1. Ein herzliches, häufiges Lachen über den Scherz, den das Leben darstellt, und über die Pointe dieses Scherzes: Dein eigenes Leben

Buch VII, Kapitel 1

Seite 170

1. Eine Weise ist: ökonomisch
2. **Der Klub**
3. Alle Männer
4. Jemand, der den Standpunkt eingenommen hat „Ich bin besser, schneller, stärker, klüger"

Buch VII, Kapitel 2

Seite 174

1. **Die Hilfgemeinschaft**
2. Jeder Racheakt einer Frau an einem Mann, nur dafür, daß er ein Mann und Mitglied in **dem Klub** ist
3. **Nett**
4. Wenn eine Frau darauf vertraut, daß ein Mann sie nicht verläßt
5. **Das Gemeine** abmildern
6. **Das Gemeine** verstärken und verstärkt halten
7. Als Beweis, nicht geliebt zu werden

Buch VII, Kapitel 3

Seite 177

1. Überlegene Körperkraft
2. Daß Männer klüger seien
3. Daß Männer Dummheit vorspielen, um der Verantwortlichkeit für ihr Handeln zu entgehen

Buch VII, Kapitel 4

Seite 180

1. Sie glauben sie
2. So um zwei oder drei
3. Ja: gehe in ein gut gemachtes Märchen für Erwachsene (einen Kinofilm)

Buch VII, Kapitel 5

Seite 183

1. Wir leben es von den falschen Märchen aus
2. Wenn die Hölle einfriert

Buch VII, Kapitel 6

Seite 186

1. Sie glauben, daß ihre Märchen wahr werden
2. Einen netten, nicht-Macho, nicht blöden, stattlichen Prinzen

Buch VIII, Kapitel 1
Seite 195
1. 2,5 cm
2. 250000
3. Fünf Millionen Jahre

Buch VIII, Kapitel 2
Seite 198
1. (1) Jagd
   (2) Aas essen
   (3) Sammeln
   (4) Kannibalismus
2. Die Frauen
3. Sie machte sie zeitweise arbeitslos
4. Vor rund 15000 Jahren
5. 1/333
6. 4000 vor Christus

Buch VIII, Kapitel 3
Seite 201
1. Erfinden arbeitssparender Geräte
2. Die Landwirtschaft, und die Tatsache, daß vergleichsweise Wenige die Nahrungsmittel-Produktion handhaben konnten
3. Möglichst viel Arbeit zu vermeiden
4. Freie Zeit, und der Tausch von Nahrung und von arbeitssparenden Geräten

Buch VIII, Kapitel 4
Seite 205
1. Einander
2. Schlägertypen
3. Anderen helfen
4. Mitgefühl
5. Formbarkeit

Buch VIII, Kapitel 5
Seite 209
1. Liebe und Bedürfnis
2. **Gemein**
3. Sicherheit der Familie
4. **Nett**
5. Die Sorte, die Vorherrschaft ausübt
6. Nichts

Buch VIII, Kapitel 6
Seite 212
1. Die Fähigkeit zur plötzlichen, oftmals gewalttätigen Kraftentwicklung
2. Sie nimmt übel
3. Ihren Mann behalten, und ihren Ärger ausdrücken
4. Überhaupt nicht
5. Sündenbock

Buch VIII, Kapitel 7
Seite 215
1. Eigentum
2. Jeder
3. Vielleicht in eine andere Galaxie
4. Deine Frau mit einem anderen Mann im Bett finden

Buch VIII, Kapitel 8
Seite 218
1. Todesangst
2. Gefährlicher
3. Sie ist klüger
4. Mache sie eifersüchtig
5. Nach einer netten Frau

Buch IX, Kapitel 1
Seite 226
1. **Wesens**
2. Das Erleben, im **Wesen** eines anderen zu existieren
3. Die Vergänglichkeit des **Selbst**
4. Wir sehen unser Geschlecht als wichtigen Teil unseres **Selbst** an
5. In der Kindheit

Buch IX, Kapitel 2
Seite 229
1. Sie wie ein Computer speichern, und sie als Waffen benutzen
2. Dein ganzes Leben lang
3. Allen Männern zu vergeben
4. Du bezahlst, und mit Dir alle Männer in Deinem Leben
5. Ihre überlegene Intelligenz

Buch IX, Kapitel 3

Seite 233

1. Gib Dich der Intelligenz und dem **Gemein** hin
2. Den Mann so zu schaffen, daß er sein Erleben ihres Willens als seinen eigenen erlebt
3. Antworten
4. Sexualität, und Produktion
5. **Absolute Liebe**
6. Nicht nötig, Du hast schon vergeben

Buch X, Kapitel 1

Seite 242

1. (1) **Nett**
   (2) Gutaussehend
   (3) Sie liebt mich
2. Eine Position auf dem Beziehungsrad
3. Eine
4. Befrage den Beweis.
   Nein.
   Dein **Verstand** belügt Dich, um Dich vor Dir selbst gut dastehen zu lassen
5. (Diese Frage kannst nur Du beantworten.)
6. Ja, aber sehr schwierig, mit viel Leid verbunden

Buch X, Kapitel 2

Seite 245

1. (1) Lege eine Liste an,
   (2) Nenne Datum und Uhrzeit,
   (3) Erschaffe das Erleben, zu diesem Zeitpunkt die Person zu haben und nicht zu haben,
   (4) Laß' das Spiel verschwinden
2. Du
3. Wenn Du Deinen Gesichtspunkt veränderst von „Du kannst Dich glücklich schätzen, eine Person zu haben“ zu „Er oder sie kann sich glücklich schätzen, Dich zu haben“

Buch X, Kapitel 3

Seite 249

1. Die Lust der Frau
2. Es ist Aufgabe der Frau, den Mann zu unterrichten
3. Abgesehen von körperlicher Erkrankung oder Verletzung, nein

4. Die Wahrheit sagen
5. Frauen belügen die Männer über Sex
6. Sie wissen alle, wie zerbrechlich eines Mannes Ego ist
7. Anerkennung mit Belehrung abwechseln
8. Indem er sich vergegenwärtigt, wie blind er ist, und wie sehr er Ausbildung braucht
9. Die Frau
10. Die Frau

Buch X, Kapitel 4

Seite 253

1. Die Frau wählt den Mann
2. Daß der Mann die Frau wähle
3. Des Mannes Ego zu schützen
4. Ertragbarkeit, und Anerkennung ihrer Autorität
5. Sich in ihr Gesichtsfeld bringen, und warten
6. Das männliche Macho-Ego
7. Für seine Frau ertragbar sein, und ihre Autorität anerkennen
8. Sich vergegenwärtigen, daß er neben einer Frau nichts über Mann/Frau weiß
9. Unerträglichkeit

Buch X, Kapitel 5

Seite 256

1. Die Form ändert sich
2. Ein Ende
3. Das segnen, oder verfluchen
4. Im **Zustand des Mißerfolgs**
5. Beides Interpretationen
6. Sie ist noch nicht vollendet, und es ist nicht an der Zeit, sie zu „beenden“

Index
von Wörtern, Begriffen und Ausdrücken

DREHBUCH I

DREHBUCH für MEISTERSCHAFT im LEBEN

Es gibt jemanden,
der IHR Erleben
von einem Moment
zum anderen
von Grund auf ändern
und IHR Leben zu
wahrer Meisterschaft
führen kann:

SIE SELBST

„Das erste Buch, das aus der erlebten Einsicht geschrieben worden ist, daß wir einen Verstand haben und nicht unser Verstand sind. Wenn von Transformation und Wandlung gesprochen wird - hier ist sie nachvollziehbar beschrieben. Es ist das Buch zum Leben des Lebens. Es gibt wohl kaum ein anderes Buch, das den Prozeß des Wach- und Gesundwerdens so tiefgehend und nachhaltig beeinflussen kann."

Dr. Henning von der Osten

Ron Smothermon M.D.
Drehbuch für Meisterschaft im Leben
ISBN 3-926257-00-8

ICH BIN

Gespräche mit
Sri Nisargadatta Maharaj

Jede ernsthafte Auseinandersetzung mit spirituellen Fragen endet zwangsläufig in Non-Dualität - Advaita.
Sri Nisargadatta Maharaj vermittelt in sehr direkter klarer und kompromißloser Form die Essenz von Advaita. Dieses Buch ist die Aufzeichnung der Gespräche und Fragen der Wenigen, die glücklich genug waren, diesen wahrhaftig einmaligen Menschen zu treffen. Ein Buch, das man als unakzeptabeles Konzept abtut oder das einen zutiefst packt und nicht mehr losläßt und zum Endpunkt jeder Suche und Auseinandersetzung mit sich selbst wird.

Sri Nisargadatta Maharaj/Maurice Frydman
ICH BIN - Gespräche mit Sri Nisargadatta Maharaj
Übersetzt von Heiner Siegelmann + Gilda Remscheid
ISBN 3-926257-03-2 Erscheint Frühjahr 1989

Das MEISTERstück

Meine Jahre in einer Mysterienschule
Nisha Jacobi

Dies ist eine von Anfang bis Ende packende Schilderung einer Frau, die auf dem Gipfel ihres „glücklichen" bürgerlichen Lebens an einen lebenden spirituellen Meister gerät und sich nach vielen Widerständen auf ihn einläßt. Ehrlich, lebendig und warmherzig, mit Humor, scharfem Geist und verstehender Liebe erzählt sie von ihren tiefgehenden Erfahrungen in einer Mysterienschule und berührt die Seele des Lesers.

Spritzig, frisch, bestechend durch die Selbstironie aller Clowns ist diese Selbstdarstellung. Sie beschreibt, welche abenteuerlichen Möglichkeiten das Leben bietet, wenn man herkömmliche Pfade verläßt.

Nisha Jacobi
Das MEISTERstück
ISBN 3-926257-02-4

Notizen

Notizen

Notizen